溝邊和成 編著

授業をもっと面白くする！

小学校理科の雑談ネタ40

3・4年

明治図書

はじめに

　皆さんは，"雑談"という言葉から，どんなことが思い浮かぶでしょうか？

　古くは，「ゾウタン」や「ゾウダン」と読まれていたそうですが，類義語として浮かんでくるのは，世間話（せけんばなし）や四方山話（よもやまばなし）といったところでしょうか。雑言（ぞうごん）となると，悪口や言いがかりのニュアンスが否めないですが，「雑」と「談」の成り立ちから想像すると，「取り留めのない」「益体も無い（やくたい）」話をあれこれ集めながらも，相手を巻き込み，楽しさを分かち合える共感の要素が含まれていたり，「前置き」「箸休め」といった本題を際立たせる効果もあったりするようです。

　しかし，それだけでしょうか？

　私はそうは思いません。「蘊蓄（うんちく）」という言葉が入ってこなければ，この意味を語ったことにならないように思います。

　「蘊蓄」は，いわゆる深く追究して身につけた知識を表す言葉ですが，"雑談"の中に「雑学」とも称される内容，すなわち「蘊蓄」があってこそ，興味がわいたり，ともに気持ちが昂ったりするのではないでしょうか。…だから，いつも面白いのではないでしょうか。

　そして，身の回りの事物・事象・現象について，深くこだわりのある味わいを感じたり，幅広い観点から捉えた本

物感を受け取ったりするため，私たちの心に残り，飽くなき探究世界へと導いてくれるような感じがします。

　さてさて，本書"雑談"の中身はというと，やはり「雑駁（ざっぱく）」に集めております。

　もちろん，最新版の学習指導要領に則り，小学校理科として扱われる内容に関連したものであることは間違いないのですが，そこから広がる方向性や深まる程度は，それぞれのテーマや題材に対する意識づけによって変化しています。

　本書では，各タイトルがそれを表しています。すなわち，「?!（問い）」形式としているタイトルは，子どもたちの日常生活の「ある，ある」疑問を表した形にし，なかなかすぐに解決しそうにないけれども，その理由が知りたい，その意味がわかりたい，でも今までわかるチャンスがなかったといったモヤモヤな気持ちを端的に表したと言えます。しかも，それに続く回答となる説明は，時には図や写真を活用したり，クイズ形式を用いたりしながら，確かな回答を求める皆さんが，なるほどと納得いくところまで，丁寧に著されています。

　専門家レベルまで詳述されていることも随所に見られます。また，解説・説明だけにとどまらず，「～してみてはどうでしょう？」「こうしてみるのも面白そうですね」などとさらなる探究の方向性を示してくれている場合もあります。

　こうした味つけ，記述展開の工夫は，本書にかかわって
くださった筆者たちの実践知としての「学び・教えの勘どこ
ろ」とともに，「発達の最近接領域」（L. S. Vygotsky）など
の心理学理論を踏まえておられたからだと思います（そ
のためでしょうか，私自身もついつい読み耽ってしまいま
した。しかも，時間の余裕があるなしにかかわらず）。

　こういう特徴だとわかれば，もう，話は簡単ですね。こ
の "雑談" は，理科授業の内容のみにとどまらず，それら
を「芯（Core）」としたリンゴのように，芯を取り巻く実
（他教科など）の部分を育て熟す効果も期待できるでしょ
う。

　さあ，読み始めてください。一つひとつの事柄と一文字
一文字の表現をたどってみてください。どのページもきっ
と "感動の物語" となって心に残ることでしょう。それは，
紛れもなく，読者の皆さんのそれまで培ってこられた学校
教育の幅広い教科知識や児童理解の知識と本書の内容が化
学反応を起こした結果と言えます。どちらも必須アイテム
であったことに気づく瞬間でもあるでしょう。ぜひ，そん
な快体験を味わってみてください。

　「百聞は一読（？）にしかず」です。

　では，読書後に，またお会いしましょう。

編著者　溝邊　和成

Contents

3年　物質・エネルギー
■ 電気の通り道

3年　生命・地球
■ 身の回りの生物

3年　生命・地球
■ 太陽と地面の様子

4年　物質・エネルギー
■ 空気と水の性質

重さの単位は
食べ物からできた ?!

> **どんな場面で使える？**
>
> 物の重さの学習と関連させて扱うことができます。重さ
> の単位から，教科横断的に世界の文化や日常に使用される
> 他の単位についても興味・関心を広げることができます。

昔，使われていた重さの単位（日本）

1799年に「4℃の純粋な水1dm³の質量」と1kgの重さ
の基準が定められました。その後，白金90%，イリジウム
10%の国際キログラム原器（フランス・セーブルに保管）
ができあがりました。現在も多くの国はそれにしたがって
います。

日本でも明治時代，1891年の度量衡法において，「貫」
は国際キログラム原器の4分の15の質量：15/4kg＝3.75kg
と定められ，使用されてきました。江戸時代以前は，「両」
が重さの基本単位となっていました。中国（唐）にならい，
大宝律令で， 1両＝10匁＝1/16斤とされました。江戸時
代になってからは，両替商の使う分銅の基本単位になり，
通貨単位としても使われるようになりました。小判1枚1
両，大判1枚10両が基準でした。

　匁は，昔の日本の通貨である１文銭１枚の重さを単位として定めたものです。また１貫は，１文銭1000枚分の質量として定められました。１貫は，現在の貨幣価値としては，１万円を超えていたようです。

　重さの単位とお金の関係が，こんなに密接であったことには驚きですね。

もう少し詳しく言うと

　斤：１斤＝600ｇですが，用途によって変化していたようです。皆さんもパン屋さんなどで耳にしたことがあるかもしれませんが，パンのサイズとして１斤という言い方もしますね。パンの１斤は350〜400ｇです。

　匁：3.75ｇが１匁です。１貫＝3.75kgの1000分の１で，現在の５円玉１枚の重さです。真珠の計量などでよく使用されています。単位記号は mom です。

　分：粉類などの重さを表す単位として使われていたようです。１分＝0.375ｇで匁の10分の１に当たります。

　厘：0.0375ｇです。この単位は，長さの単位としても使われていたようです。１厘＝0.303mmです。どちらも小さな単位で不思議な感じがしますね。

　毛：漢字からもイメージされるように，最も軽い重さの単位ですね。１毛＝0.00375ｇです。

　両：１両（＝24銖）＝37.5ｇ前後や，銖：１銖＝1.56ｇ（キビ：黍100粒の重さ）という日々の暮らしに有効な単位もありました。

外国では

　古代エジプトでは，ベカ（beqa）が使われていたそうです。初期の頃1ベカは，13.7gだったようです。古代オリエントでは，シェケル（shekel）がよく用いられたようです。

　初期の1シェケルは180粒の大麦（約8.33g）分が標準で，60シェケル＝1ミナ（mina）は，約500gに相当し，ダブルミナ（2ミナ）はうまく1kgになっています。まさに生活の知恵といった感じですね。

　シェケルは，通貨の単位としても用いられています。1980年以降，イスラエルの通貨として採用され，その5年後には「新シェケル（₪）」となっています。2019.8.14現在，1₪＝30.52円です。

　ポンド（オランダ語：pond，英語：パウンド pound）は，1959年以降，1常用ポンド＝0.45359237kg と定められています。通常ポンドを称した場合，これを指しますが，繊細な重さですね！　単位記号は，「lb」です。昔，天秤（libra）を用いて重さを量っていたことに由来しています。なるほど！

　また，グレーン（gr），オンス（oz）もあります。それらの関係は，1ポンド＝16オンス＝7000グレーンとなります。イギリスの女王エリザベス1世時代に「大人1人が1日に食べるパンをつくるのに必要な小麦の量」から決められたらしいです。雑な決め方のように思いますが，生活密着型なのは確かですね。

　イギリスやアイルランドでは，体重測定などでストーン（st）という単位が使用されたりすることもあるようです。１ストーン＝0.071429ポンドです。

　日本でも耳にするトン（ton）は，元々「樽（たる）」を意味する「tunne（古英語）」や「tonne（古仏語）」が由来とされています。252ワインガロン（0.954㎥）の樽に入る水の重さ約2100 ポンド（lb）を１トンとしてきました。現在では，キログラムを中心に定義された１ t ＝1000kgとなっていますが，英トン（イギリス），米トン（アメリカ）が使用される場合もあります。１英トン＝2240lb（ポンド）＝1016.05kg，　１米トン＝2000lb（ポンド）＝907.18 kgとなります。ああ，ややこしい！

自分流の重さの単位をつくってみたら

　日本のみならず，外国でも生活に身近な食べ物などが重さの単位を生み出してきたと言えますね。

　では，自分の身近な物の重さを１つの単位にしてみると，どうでしょう？

〈参考文献〉
・気になる話題・おすすめ情報館「昔の重さの単位，毛・厘・分・
　匁・斤・貫・銖・両は何グラム？」
　https://netwadai.com/blog/post-7803#i-10
・Yamato Official Blog「はかりしれない重さの単位②世界の単位」
　http://yamato-scale.blog.jp/archives/30194848.html

（溝邊　和成）

市販のごま塩は塩が軽い？!

> **どんな場面で使える？**
>
> 　普段何気なく見ている，当たり前のようで実は当たり前ではなかった現象を見る場面で使えます。身の回りのものを疑問をもって見つめるきっかけになります。

手づくりごま塩をつくってみよう

　びんに入ったごま塩をよく見てみると，ごまと塩がなかよく混ざり合っています。

　そこで，ごまと塩を混ぜてごま塩をつくることにしました。小さなびんにごまと塩を入れて振って混ぜたら，はい，できあがり…のはずでした。

　しかし，どうもうまく混ざりません。

　びんをどれだけ振っても，ごまだけが上に来てしまい，塩はびんの下に溜まったままです。いったい，市販のごま塩と何が違うのでしょう？

市販のごま塩の秘密

　手づくりごま塩で生じたような，粉粒体が偏りを生じて不均一になることを「偏析」と言います。

偏析が起こる理由は，2つあります（エスビー食品株式会社）。

　　1　粒の大きさの違い

　　2　粒の重さの違い

　粒の小さいものは大きいものより下側に行き，また，重いものは軽いものより下側に行ってしまいます。

　この2つの原因を，市販のごま塩ではどのように工夫して解消しているのでしょう？

粒の大きさが同じ？

　市販のごま塩と手づくりごま塩を比べてよく観察してみましょう。

市販のごま塩（左）と手づくりごま塩（右）

　よく見てみると市販のごま塩は，塩の粒が大きいことがわかります。塩の粒の大きさをごまの大きさにそろえているのです。

　手づくりのごまと塩では，塩の粒がごまよりもかなり小

さいので，びんの底に塩が沈んでしまい，うまく混ざらないということです。

　では，粒の大きさが同じならうまく混ざるのでしょうか？

　実はそれだけではありません。イメージしてみてください。

　同じ大きさのビー玉と発泡球，大きな容器に入れて揺らすと均等に混ざるのでしょうか？

　もちろん，重いビー玉が下に沈み，軽い発泡球が上の方に浮いてきます。

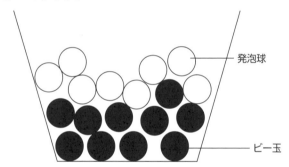

粒の大きさが同じ場合の混ざり方

　つまり，粒の大きさをそろえるだけでは，まだうまく混ざるごま塩にはならないのです。

粒の重さも同じ？

　仮に大きな塩の粒を使って，ごまと塩の大きさをそろえると，今度は塩の方が重くなってしまいます。これでは，また塩が下に溜まってきてしまいますね。

　そのため，市販のごま塩の塩では，塩の粒を大きくして，さらに軽くすることで，大きさも重さもごまに近い性質をもつようにしているのです。

市販のごま塩

　市販のごま塩を買って，塩をよく観察してみてください。塩を軽くする工夫がされていることに気づきます。

　ここでは固体の話をしましたが，液体や気体にも同じような現象が見られるものがあります。水と油が混ざらないのは有名ですが，同じ量のごま油，サラダ油，オリーブ油を同じガラス瓶に入れると，混ざらず見事に綺麗な層になります。これも同じ体積で重さが違うからです。ぜひ試してみてください。

〈参考文献〉
・NHK for School「考えるカラス～科学の考え方～第17回」
　https://www2.nhk.or.jp/school/movie/outline.cgi?das_
　id=D0005110317_00000
・エスビー食品株式会社「黒ごましおの秘密」
　https://www.sbfoods.co.jp/company/rd/taste/sesame/

（坂田　紘子）

ないと思っていた空気に，
重さがある ?!

> **どんな場面で使える？**
>
> 　物の重さを量るときに，一番身近な空気を用いることで，興味・関心を高め，重さを比較する方法を楽しく学習することができます。

　空気は，窒素，酸素，二酸化炭素，アルゴンと呼ばれるガスなど，いろいろな気体の集まりでできています。窒素が一番多く約78％，酸素が約20％，アルゴンが約１％，二酸化炭素は0.03〜0.04％しかありません。

　ところで，皆さんは，空気の重さを感じたことがありますか？　風として感じることはあっても，空気に重さがあると感じることはなかったと思います。

天秤を使って空気の重さを量る方法

　実は，空気に重さがあるかどうかはいろいろな方法で確かめることができます。

　１つ目は，電子天秤を使う方法です。

　まずは，空気の入っていない風船の重さを量った後に，空気を入れた風船の重さを量ってみてください。空気に重

さがなければ，風船の重さは変わらないはずです。しかし，実際に量ってみると，空気の入った風船の方が少しだけ重くなります。つまり，空気に重さがあるということがわかります。

　ビニール袋を使ってみると，どうなるでしょう？

　実は，ビニール袋では，重さが変わりません。風船と同じように空気が中に入っているじゃないかと思います。しかし，電子天秤は，空気中で空気より密度の高いものから下向きに働く力を測定しているので，ビニール袋に空気をたくさん入れたところで下向きに力は働かないため，重さが変わりません。

　風船は中の気圧が外に比べて高くなっているため，中が密度の高い空気で満たされます。そのため，風船は重さを量ることができるのです。

ペットボトルを使って空気の重さを量る方法

　2つ目は，ペットボトルを使う方法です。ペットボトルにフィズキーパーを使います。

　フィズキーパーとは，飲みかけの炭酸飲料の炭酸抜けを防ぐために，ペットボトルの中に空気を入れ，中の圧力を高める器具です。これを使い，一方は空気を入れたペットボトル，もう一方は空気を入れていないペットボトルを用意します。

　そして，天秤の要領と同じように棒の端と端にくくりつけ，どちらかに傾くか，傾かないかで判断することができ

ます。

　空気に重さがあるとすれば，空気を入れたペットボトルが傾きますが，なければ，つり合います。

　2つの実験ともに簡単なので，実際にやってみましょう。

空気の重さってどうやって量るの？

　空気の重さを量るには，スプレー缶を使います。空になったスプレー缶に空気を入れて重さを量ります。その後，空気を抜いて重さを量ると，空気に重さがあるかどうかがわかります。

　そして，抜くときに空気を水の中に沈めた計量カップの中に入れておくと，空気の重さを計算することもできます。

　計算式
　スプレー缶に入った空気の重さ（g）÷体積（L）
＝1Lあたりの空気の重さ
※スプレー缶を使った実験は危険です。子どもたちが行わないように注意してください。

　空気の重さは，温度や湿度によって変わるものですが，標準空気と言われる気温20℃で湿度65％，1気圧（1013.25hPa）のときは，1Lあたり約1.2gとなります。

　このように，重さはあってもとても軽いため，空気自体の重さを感じることはないのではないでしょうか？

空気中のそれぞれの気体の重さは？

　空気の重さは，１Ｌあたり約1.2ｇとわかりました。

　そこから，初めに挙げた，空気中の体積の割合で計算すると，

窒　　素：1.2×0.78＝0.936

酸　　素：1.2×0.2＝0.24

アルゴン：1.2×0.01＝0.012

となります。

　これは，１Ｌあたりの重さではなく，空気中に含まれるそれぞれの気体の重さです。

　１Ｌあたりで考えるとアルゴン1.7ｇ，酸素1.4ｇと空気よりも重いということがわかります。空気中に最も多く含まれる窒素は，1.2ｇとほぼ空気と同じ重さとなっています。

　そして，最も重い気体は，環境や条件によって変わりますが，ラドンという気体が重いと言われており，最も軽い気体は，水素と言われています。

〈参考文献〉

・国立天文台『理科年表　平成15年（机上版）』丸善，2002，p.372

・DAIKIN「空気の学校　２時間目　空気って何？　空気に重さはあるの？」

　https://www.daikin.co.jp/school/class02/lesson07/

（平川　晃基）

元に戻らないとゴムじゃない?!

> **どんな場面で使える?**
>
> 一口にゴムと言っても，実は，様々なゴムがあります。しかも，使われ方も違っています。そのようなゴムを多方面から見る場面で使えます。

そもそもゴムって何?

一口にゴムと言っても，様々なゴムが存在します。天然ゴムや合成ゴムといった，弾性をもつ物質を総称してゴムと呼んでいます。

ご存知の通り，ゴムの木という樹木があります。天然ゴムは，その木から分泌される乳液からつくられます。合成ゴムは，それとは違って石油など様々な物質を人工的に加工したり，組み合わせたりしてつくられます。

輪ゴムを両手で引っぱるとゴムは伸びます。そのときには，元に戻ろうとする力が働くため，引けば引くほど，手にかかる力は強くなります。誰もがこのような経験をしてきていると思います。これは，輪ゴムが元の形に戻ろうとしているからです。この力のことを「弾性」と呼びます。

つまり，このような性質をもつ物質がゴムなのです。

力を加えると形が変わるものはたくさんありますが，加えた力を緩めても，元に戻ろうとしない物質はゴムとは言えないことになります。

ゴムの種類によって使われ方が違う？

一口にゴムと言っても，たくさんの種類があり，使われ方も変わってきます。一部を紹介すると下の表のようになります（パッキンランド，SHIBATA，木野機工株式会社，華陽物産株式会社，モノタロウのデータ参照）。

ゴムの名前	使われ方
天然ゴム	大型タイヤ，ホース，ベルトなど
シリコーンゴム	食品，医療分野など
クロロプレンゴム	接着剤，窓枠，ゴム塗料など
ニトリルゴム	パッキン材，手袋など
エチレンプロピレンゴム	工業用，建築用ゴム製品など
フッ素ゴム	ドライクリーニング機器シールなど
スチレンブタジエンゴム	自動車タイヤ，靴など
ブチルゴム	窓枠，タイヤのチューブなど
ブタジエンゴム	タイヤ，ベルトなど

難しい名前のゴムばかりです。しかし，たくさんの種類のゴムが，生活の中のあらゆるところで使われていることがわかります。

ゴム誕生の歴史をのぞいてみよう！

　たくさんのゴムの種類が開発され，様々な使われ方をしていることをお話してきました。これからは，ゴムが誕生するまでの歴史をのぞいていきましょう（ゴムナビ，丸榮日産株式会社参照）。

　アメリカ大陸を発見したコロンブスは，1493年にハイチ島の子どもたちが樹液からつくったボールで遊ぶところを見て，帰国後にその様子を伝えたと言われています。

　現地の人たちの間では，樹木から出る液を使って，容器などの器をつくっていました。しかし，この後200年ほどの間は，冒頭で説明した弾性とは関係のないところで使われていました。当時では，残念ながらその利用価値は，認められていなかったのです。

　局面が，大きく変化したのは1839年にアメリカ人のチャールズ・グッドイヤーにより，ゴムの「加硫方法」が発見されたことです。加硫方法とは，簡単に言えば，原料のゴムに補強材などを加え，弾性をもたせていくことです。その後，様々な加硫方法が開発されてきました。

　ゴムのない生活は，現在では考えられません。ゴムのおかげで，様々な工業製品が生み出されてきたとも言えるでしょう。

お家の中でゴムを探してみよう！

　さあ，お家の中でゴムを探してみましょう。

　靴の底，自転車やクルマのタイヤ，冷蔵庫の扉の枠，窓

枠，おもちゃ，ボール，次々と見つかると思います。

　様々なゴムがあり，それぞれ上手に使われていることは
とても興味深いです。

長靴　　　　　　　　　タイヤ

〈参考文献〉
・パッキンランド「ゴム」
　https://www.packing.co.jp/GOMU/#an2
・SHIBATA「ゴムの種類について」
　https://www.sbt.co.jp/kasei/98gum-type
・木野機工株式会社「ゴム素材の種類　全18材質の概要，特徴・特
　性を解説」
　https://kinokikou.jp/info/knowledge/kind-of-rubber/
・華陽物産株式会社「ゴム物性一覧表」
　https://kayo-corp.co.jp/common/pdf/rub_propertylist.pdf
・モノタロウ「ゴム素材　ゴムの種類と特長」
　https://www.monotaro.com/s/pages/productinfo/gum_type/
・ゴムナビ「歴史・背景」
　http://gomu-navi.jp/history/index.html
・丸榮日産株式会社「ゴムの歴史」
　https://www.maruenissan.co.jp/rubber/about-rubber/history/

（田中　一磨）

風の力で動く生命体がいる ?!

> **どんな場面で使える？**
>
> 　自然の風の力で動く芸術があります。ものづくりの場面で紹介してみると，ものを動かしたり，動く様子を変化させたりする風の力が豊かな想像力をふくらませます。

自然の力を受け取る Art

　物理的な「動き」のある芸術作品を「キネティック・アート」と言います。モーターなどで動く作品はそれまでにもありましたが，アメリカのアレクサンダー・カルダーは，1931年に作品の一部が風の力で動く「モビール」を発明しました。作品に自然の動きを取り入れたのです。彼はその後も床に置くモビールや天井から吊るすモビールなど多くの作品を残し，今日も親しまれています。

　兵庫県三田市には「新宮晋 風のミュージアム」があります。新宮晋は「日本のカルダー」とも称され，風のミュージアムには「里山風車」と風で動く12点の彫刻が展示されています。それぞれの作品が風を受けて優雅に舞い，目には見えないはずの自然のリズムを，作品を通して感じさせてくれます。

風の力で動く生命体・ストランドビースト

　オランダのテオ・ヤンセンは，風の力で作品そのものが動く巨大な作品「ストランドビースト（砂浜の生命体）」を制作しています。風が吹くと作品に命が灯り，風を食べながら生命体が動いているかのようです。

　ストランドビーストは，ポリ塩化ビニル製のパイプを結束バンドでつなぎ合わせたシンプルな構造ですが，それを何本もつなぎ合わせて巨大な生命体をつくり上げています。

　それは，いくつかの羽のような，口のようなものを持ち，風を動力として動き出します。帆が風を受けると，骨組みのパイプが動き，ストランドビーストが動き出すのです。多数の足で歩いているように見えるビーストや幼虫のように進むビーストなど，種類も様々です。

　テオ・ヤンセンは1990年にストランドビーストをつくり始めたときから「風を受けて進む」作品が「生き物のように動く」ことを目的に制作しています。科学とアートを融合させ，風が生命体を動かしているように見えるのです。まさに，自然の力を利用したキネティック・アートです。支点が固定化されている従来のアートと違うのは，作品自体が移動し，動き出していくところです。

　テオ・ヤンセンの展覧会は日本でもたびたび行われています。また，ストランドビーストの組み立てキット「ミニビースト」が販売されていたり，関連する雑誌も発行されていたりします。手に取って風で動く生命体を感じてみてはいかがでしょうか？

ミニストランドビースト
※大人の科学マガジン編集部『テオ・ヤンセンのミニビースト』より

自然から学ぶ Technology

　「バイオ」と「ミミクリー」の合成語「バイオミミクリー」は，ベニュス（J. Benyus 米）が1997年に出版した書籍の中に見られる言葉です。それは，より持続可能なものをデザインするために，人間を取り巻く「自然界」の「形」や「プロセス」そして「生態系」までを模倣し，生かそうとする考えです。

　例えば，新幹線車両（500系）の先頭形状は，トンネルに突入するときの空気抵抗を減らすために，カワセミのくちばしに似た鋭い形状をしています。カワセミが高速で水に飛び込んで魚を獲る姿から学び，スーパーコンピュータで解析して設計したそうです。また，電気を送る翼型のパ

ンタグラフには，支柱の側面に突起物があります。これは，フクロウの風切羽のセレーションと呼ばれるギザギザが静かに飛ぶ仕組みであることを学び，設計したそうです。他にも，蚊が血を吸う仕組みを解明して痛くない注射針の開発が行われていたり，カタツムリの殻が汚れない仕組みから汚れない家の外壁の開発が行われたりしています。

　19〜20世紀のフランスのSF作家ジュール・ヴェルヌは，「人間が想像できることは，人間が必ず実現できる」という名言を残したそうですが，自然界や生物の仕組みは人間の想像をはるかに超えた世界の奥深くに広がっているのかもしれません。だからこそ，人間はそれらから謙虚に学び，創造のきっかけを得ようとする姿勢が大切なのかもしれません。

〈参考文献〉
・大人の科学マガジン編集部『テオ・ヤンセンのミニビースト（大人の科学マガジンシリーズ）』学研プラス，2011
・Theo Jansen Japan　https://theojansen.net/
・Strandbeest　https://www.strandbeest.com/
・IDEAS FOR GOOD「バイオミミクリーとは・意味」
　https://ideasforgood.jp/glossary/biomimicry/
・事業構想「身近にあるバイオミミクリー」
　https://www.projectdesign.jp/201304/mimi-bio-cree/000449.php
・アイアール技術者教育研究所「そうだったんだ技術者用語　バイオミミクリー，バイオミメティック，そしてサステナビリティ」
　https://engineer-education.com/biomimicry-biomimetic-sustainability/

（宮澤　尚）

風力発電の羽根の数は決まっている ?!

> **どんな場面で使える？**
>
> 　風を利用した風力発電には，様々な種類があります。大型風力発電では，３枚の羽根を使ったものが多い理由を知り，風の働きについて考える場面で使えます。

様々な風力発電

　風力発電とは，風のエネルギーを電気エネルギーに変えるものです。発電のときに二酸化炭素を出さないため，クリーンな再生可能エネルギーとして注目を集めています。

　風のエネルギーを得るために，風力発電は様々な形の羽根が使われています。仕組みで大きく分けると２つに分けられます。１つ目は「水平軸型」と呼ばれ，扇風機のように地面に対して回転軸が水平であるものです。その中でも，プロペラ型がよく見られます。現在の風力発電で多く利用されています。他には，風車と呼ばれる形のオランダ型，羽根の枚数が多い多翼型があります。２つ目は「垂直軸型」と呼ばれ，竹とんぼのように地面に対して回転軸が垂直であるものです。

　なぜこのように様々な形があるのでしょう？

どの風力発電が選ばれるか

　風力発電では，風のエネルギーを電気エネルギーに効率よく変える必要があります。しかし，効率がよくても，設置するためにたくさんのお金がかかったり，騒音などの問題が起こったりしては使われることがないでしょう。

　垂直軸は，小さいサイズのものが適しており，どの方向の風も利用できますが，水平軸と比べるとエネルギー変換効率が悪く，設置面積も大きくなることがあります。そのため，発電所としてではなく，公園や施設などの場所で発電し，電気をつくった場所で電気を使うことが多いです。

　水平軸は，構造がわかりやすく大型化することに向いていて，たくさんの電気をつくることができます。そのため，発電所として使われることが多いです。安定して風が吹いている地域の山や平地に設置してあるプロペラ型の風車を見たことがある人も多いでしょう。また，海の上でもプロペラ型の風車が活躍しています。

羽根の数は3枚に決まっている？

　風力発電によく使われているプロペラ型の羽根の数について考えてみましょう。1枚羽根は，回転しやすいですが，片方に重さが偏ってしまい，羽根1枚でバランスよく回すには工夫が必要になります。2枚羽根も，回転しやすく，回転数は大きくなりますが，騒音が少し大きくなります。

　このように，羽根の数は少ない方が早く回転します。しかし，風が強くないと回転しなかったり，回転するときに

安定しなかったりするので，見かけることはあまりありません。4枚以上の羽根が多いものは，弱い風でも回転し，安定して回ります。そして，回転力が強いので，風のエネルギーを，物を直接動かすエネルギーに変えて，水をくみ上げることに使われることがあります。しかし，回転が遅くなったり，設置するのにお金がたくさんかかったりする欠点もあります。

　回転を電気に変える効率，安定性，設置するための費用，環境のことを総合的に判断すると，現在では，3枚羽根のプロペラ型の水平軸の方法が一番適切であり，風力発電所で使われているのです。

モーターで風力発電ができる

　発電の仕組みは，身近にあるモーターでも再現することができます。発電機と呼ばれるものは，モーターの仕組みと似ているところがあります。学校の授業で使うモーターに豆電球か発光ダイオードをつなげて，軸を素早く回転させると，一瞬光らせることができます。しかし，光らせ続けることはなかなか難しいです。発電に適したモーターを使って，モーターの軸にうまく風車を取りつけることができれば，ミニ風力発電ができ上がります。ちょっと難しいですがつくってみるのも面白いですよ。

日本の風力発電の未来

　三重県にある新青山高原風力発電所は，40基の水平軸の

プロペラ型の風車が活躍しています。発電所の出力は合計80,000kW です。電力は，一般家庭約44,000世帯分になります。また，茨城県にあるウィンド・パワーかみす洋上風力発電所は，2010年7月に運転を始めた洋上風力発電所です。2013年には15基の水平軸のプロペラ型の風車が活躍していて，発電所の出力は合計30,000kW です。

　2018年では，すべての発電の中で再生可能エネルギーである風力発電でつくられる電力は，0.7％になっています。様々なところで見かけることがある太陽光発電の電力の6.5％と比べると，多いとは言えないかもしれません。2030年には，すべての発電の中で風力発電は1.7％（1,000万kW）になると言われており，これからますます広がっていくことが期待されています。

〈参考文献〉
・SOLARJOURNAL「風車の種類は大きく2種類!?　風力発電入門講座」
　https://solarjournal.jp/windpower/1967/
・青山高原ウインドファーム
　http://www.awf.co.jp/
・経済産業省　資源エネルギー庁「なっとく！　再生可能エネルギー　風力発電」
　https://www.enecho.meti.go.jp/category/saving_and_new/saiene/renewable/wind/index.html
・認定 NPO 法人環境エネルギー政策研究所「2018年の国内の自然エネルギー電力の割合」
　https://www.isep.or.jp/archives/library/11784

（古池　秀行）

朝焼けは夕焼けほど
赤く見えない?!

どんな場面で使える?

ここでは,光の進み方や音の伝わり方をそれぞれ学習します。身の回りの身近な現象から,光の性質と音の性質を関連づけて考えるきっかけになります。

救急車のサイレン音が…

近づいてくる救急車のサイレンが,目の前を通り過ぎた後に,低く変わって聞こえることがあります。しかし,このとき,救急車が出しているサイレンの音の高さは変わっていません。

音を出している救急車が移動することで,波長が変わり,サイレンの音が高くなったり低くなったりして聞こえるのです。

このような現象が「ドップラー効果」です。

この現象は,音が波であるために起こります。そのため,音の高低は,周波数と波長に関係があります。波長と周波数は,反比例となりますので,高い音ほど周波数は高く,高い音ほど波長が短いのです。

これを踏まえて,救急車の例を考えてみましょう。

波の発生源（救急車）が人に向かってくるとき，通り過ぎるまでは，音の波が押し縮められ，一定時間内に届く波の数は多く，波長が短く，周波数は高くなります。したがって，音が高く聞こえます。

　逆に，救急車が人から遠ざかっていくとき，音の波が伸び，波の数は少なく，波長が長く，周波数は低くなります。それで，音が低く聞こえます。

観測者が動く場合の聞こえ方

　救急車の例は，音源が動く際のドップラー効果ですが，音源は動かず観測者が動く場合のドップラー効果の例に，踏切で聞こえる信号機の音があります。観測者が乗っている電車が動いて，カンカンと音が鳴る信号機（踏切）に近づくと，その音は高く聞こえます。

　これは，観測者が同心円状に伝わる音に向かって，近づいたり遠ざかったりするので，起こる例です。

　電車が踏切に近づくと，観測者に届く音の波の数は，止まっているときよりも多く，波長が短くなります。その結果，踏切の信号機の音は近づく電車の中で高く聞こえるのです。

　その反対の現象，つまり電車が踏切から遠ざかると，踏切の音は当然低くなります。電車が踏切から遠ざかると，波の数が少なくなるので踏切の信号機の音は低くなります。

光の波

　光は，粒子の性質とともに波の性質ももっています。そのため，音の特徴と似たところがあります。音の場合，音の高低に変化が確認されましたが，光が近づいたり，遠ざかったりする場合は，色彩が変化していきます。

　光，いわゆる可視光線（目で見ることができる光線）は，光源が近づいてきて，波長が短くなればなるほど，青い光がより青っぽく見えます（青方偏移）。波長が長くなるほど，赤っぽく変化します（赤方偏移）。これがよく言われるところの「光のドップラー効果」なのです。

光のドップラー効果

　遠ざかる光源からやってくる光は，より赤っぽく見え，近づく光源から届く光は，より青っぽく見える…この光のドップラー効果を天体観測にも役立てることができます。天体の以前に観測した色と現在の色と比較すれば，その天体が地球から遠ざかっているか，あるいは近づいているかがわかるということです。

　観測する天体が動いていないとき，光はもとの波長（色）のまま観測者に届きます。観測する天体が観測者に近づいているときは，先ほどの救急車の進行方向前方にいるときと同じで，光はもとの波長より短く見えるため，本来の色より青く見えます。

　逆に，観測する天体が観測者から遠ざかっているとき，光はもとの波長より長く見えるため，本来の色より赤く見

えます。

　身近な例を挙げて言うと，朝焼けが夕焼けほど赤くないのは，光のドップラー効果の一例です。朝焼けの見える地点では地球の自転方向は太陽に向かっており，夕焼けの見える地点では自転方向は太陽から遠ざかっています。

　つまり，同じ太陽を見ているのですが，観測者の太陽に対する運動方向が反対なので，私たちの目に届く色が違うのです。

　この光のドップラー効果の応用例として，スポーツの野球などで，よく用いられる球速の測定器や自動車などの速度測定器などが挙げられます。

〈参考文献〉
・マイナビウーマン「光のドップラー効果を調べると遠く離れた天体の動きが分かる」
　https://woman.mynavi.jp/article/140122-25/
・物理のかぎしっぽ「ドップラー効果１」
　http://hooktail.sub.jp/wave/dopplerEffect1/

（坂田　紘子）

鏡は紀元前2800年より前からあった?!

　実験で使用する鏡について，古代に思いを馳せる場面で使用できます。また，いろいろな鏡の種類を知ることで，興味・関心を広げることができます。

　光の性質を調べるのに，鏡を使いました。鏡は，毎日の生活でよく使います。学校の手洗い場に見られる鏡では，歯みがき後の歯や洗った顔をチェックしていますね。姿勢や身だしなみのチェックには，大きな鏡が玄関や廊下に備えつけられています。その他に，手鏡もありますね。手鏡には大小様々，形も丸いものや四角いものがあります。スタンド型の鏡もあります。

　さて，この鏡はいつから使われていたのでしょうか?

鏡はどんなふうにつくられてきたの?

　大昔，自分の姿を映していたと考えられるのは水です。桶に貯めた水などで洗顔するときに自分の顔を見たり，池や雨が降った後にできる水たまりに映る姿を見たりしていたのでしょう。皆さんは，静かな湖面に鏡のように映る景

色を，実際に見たり写真で見たりしたことはありません
か？　インスタ映えと言われる素晴らしい景色です。昔は
水が鏡だったようです。

　その次には，金属や石を磨いて使っていたと考えられて
います。つるつるに磨かれた金属や石は，何となく想像で
きますね。紀元前2800年あたりにつくられたと考えられる
銅鏡が現存しています。「銅鏡」と言えば，写真によく見
られるのは，鳥や獣，魚，文字や模様などが立体的に装飾
されてデコボコしています。

　これがどうして鏡なのだろうと思ったことはありません
か？　そうです。反対面がピカピカに磨かれているのです。
銅の他には，錫，それらの合金を磨いたもの，また，水銀
が使われました。

　「よく分かる鏡の世界」（鏡って？　歴史）によれば，今
のようなガラスの鏡は14世紀になって誕生しています。ヴ
ェネチアのガラス職人が錫アマルガムをガラスに塗ったこ
とが始まりのようです。その後500年以上経って，フォン
・リービッヒ（独）が銀鏡反応を用いてガラス面に銀を
沈着させる方法を開発し，品質を向上させました。

いろいろな鏡？

　さて，鏡と言えば，割れやすいですね。そこで，ガラス
製ではない，割れにくい鏡も今では使われています。アク
リルという素材でつくったアクリルミラーと呼ばれるもの
で，スイングを見るためゴルフ場や剣道場で見られます。

何かが当たっても割れにくくなっています。同じように，ステンレスでつくられたステンレスミラー，アルミでつくられたアルミミラーもあります。

　また，お風呂のような湿気の多いところには，かびやさびを防ぐ加工がされているものもあります。くもり止めを施した鏡もありますね。

　さらには，ガラスの素材を工夫して，本当の肌色が映るように開発された鏡もあるそうです。白雪姫に登場するお后様のせりふがありましたね。

　「かがみよ，かがみ，世界で一番美しいのはだあれ？」

　「前に向かって輝いている，皆さん，一人ひとりです！」

平面鏡と球面鏡

　次に，鏡の面に着目すると，面が平らなものと球面になったものがあります。球面になったものを球面鏡と言います。球面を反射面にしています。凸面鏡と凹面鏡があります。

　道路の端に大きなミラーを見たことがあるでしょう。カーブミラーと呼ばれるものです。カーブミラーには，凸面鏡が使われています。とても広い範囲が見られることに気づくでしょう。自動車を運転している人にとって，道路に飛び出してくる自転車や子どもたちがいないか確かめられるように広い範囲が見られるようになっています。また，曲がりくねった道路では，先の方まで見やすいようになっているのです。自動車やバイクのサイドミラー，銀行など

の監視用ミラーにも凸面鏡が使われています。

　では，一方，凹面鏡はどんなところに使われているのでしょうか？

　平和の祭典とされるオリンピック。その象徴である聖火の採火式をニュースなどで見たことがありますか？　採火の儀式は，古代オリンピック発祥の地であるオリンピア遺跡ヘラ神殿跡（ギリシャ）で，古代衣装をまとった巫女たちによって行われます。そこでは，火種もないのに火がつきます。これは，日光を凹面鏡で集め点火しているのです。ギリシャから開催国に運ばれた聖火は，オリンピック開催期間中，主競技場で灯され続けます。

　この凹面鏡に物を映してみると，逆さまに見えたり，大きく見えたり，見えなかったりします。

　凹面鏡は，懐中電灯の集光鏡・サーチライト・顕微鏡の反射鏡・反射式望遠鏡・太陽炉（太陽光を集め，高温にする装置）などに使われています。

〈参考文献〉
・札幌市青少年科学館「鏡のいろいろ？」
　https://www.ssc.slp.or.jp/faq/science-qa-box/qabox-physics/788.html
・鏡のホームページ／鏡なぜなぜ博物館「鏡の歴史」
　http://www.ivybio.com/history/
・よく分かる鏡の世界「鏡って？　歴史」
　http://www.ywkagaminosekai.com/kagami/k-rekisi.html

（松田　雅代）

音の速さは
物の硬さによって変わる?!

> **どんな場面で使える?**
>
> 　音にはどんな性質があるか，また，音の伝わる速さが，様々な環境によって変わることを知る場面で使用できます。

音が伝わる仕組みって何?

　音とはいったい何なのでしょうか?

　音は，何かが振動することで発生するものです。人間は，その音を鼓膜で受け取り，音として捉えています。このように振動して音を伝えるもののことを「音源」と言います。

　それでは，音がどのように伝わるか皆さん知っていますか?

　例えば，糸電話で考えると，紙コップの底が振動し，その振動が糸に伝わり，糸に伝わった振動がもう一方の紙コップの底を振動させることで音が伝わります。

　このように，次々に音が伝わる現象は「波」によって起こります。音には2種類の波があり，縦波と横波があります。6年生や中学校で地震の学習をしますが，そこで学ぶP波は縦波で，S波は横波です。

様々な環境での音の伝わる速さ

　音が空気中を伝わる速さは，気温が15℃の場合340m／秒と言われています。これは，50m走を0.15秒で走る速さです。生き物では，とても勝てません。

　では，水中ではどうでしょう？

　水中ではなんと1,480m／秒の速さで，音が伝わります。続いて，氷で考えてみると，氷中では3,000m／秒以上の速さで伝わります。

　この結果から，

・気体

・液体

・固体

の順に速く伝わります。

　では，他の環境になると，どのような結果になるか見てみましょう。

　『音のしくみ』（中村健太郎）のデータによれば，ヘリウム（気体）は約970m／秒，水銀（液体）は約1,380m／秒，木（固体）は約4,000m／秒，ガラス（固体），鉄（固体）は，約5,000m／秒となっています。

　なぜこのように違いが出てくるのでしょうか？

音の伝わる速さの違いの仕組み

　音の伝わる速さには，密度と弾性率が大きく関係しています。音は密度が小さく，弾性率の大きいものの方が，伝わる速さが速いということがわかっています。

　密度とは，決まった範囲の中の質量のことです。弾性率とは，決まった分だけ変形するのに必要な圧力のことを言います。簡単に言うと硬さのことです。密度も弾性率も，ともに気体より液体，液体よりも固体の方が大きくなります。計算して比べてみると，音の伝わる速さは，固体が最も速いことがわかります。つまり，水と氷なら，氷の中を通る音の方が速く伝わるわけです。

音は光の速さを超えられるのか？

　では，密度がとても小さく，弾性率がとても大きいものがあれば，音は光の速さに追いつけるようになるのでしょうか？

　光の速さは，300,000,000m／秒という速さです。

　これは，1秒間に地球を7周半することができます。月に行くことを考えると，ロケットでは6日ほどかかりますが，光はわずか2秒半で往復することができます。

　光と音の速さを比べてみましょう。気温15℃のときに空気中で伝わる音の速さは約340m／秒です。したがって，気温15℃の環境下において光の速さは音の速さの約88万倍の速さということになります。

　固体の鉄での音の速さは，約5,000m／秒です。これでも全然光の速さには及びません。もし，音の速さが光の速さを超えるようにするならば，鉄よりも何十倍も硬い金属が必要となります。

音の速さに影響を及ぼすその他の要素

　音の速さは，気温でも変化します。1℃上がるごとに0.6m／秒速くなります。暑くなると速くなり，寒くなると遅くなるということです。

　湿度もほんの少しではありますが，音の速さに影響を与えます。湿度が大きくなると，ほんの少し速くなります。つまり，カラッと晴れている日よりジメジメした雨の日の方が，音は速く伝わるということです。

雷までの距離を考えてみよう

　雷は，ピカッと光ってから，少し時間が経ってゴロゴロ〜という音がします。

　「ピカッ」と見えた光から「ゴロゴロ」と聞こえた音まで，何秒かかるか数えてみましょう。

　音は1秒間に約340m進むので，「ピカッ」から「ゴロゴロ」まで10秒かかった場合は，その場所から雷雲までの距離は340mの10倍で約3.4kmだということがわかります。

　「ピカッ」から「ゴロゴロ」までの時間が短いときは，雷雲が自分のいる場所に近いということもわかります。これは打上花火を見るときも同様に考えることができます。

〈参考文献〉
・音の世界「音の基本」「媒質と音」
　http://universe-of-sound.jp/page6.html
　http://universe-of-sound.jp/page7.html
・中村健太郎『図解雑学　音のしくみ』ナツメ社，2010

（平川　晃基）

鳩の脳内には磁石がある？!

> **どんな場面で使える？**
>
> 磁石の面白さに気づかせたい場面で使えます。身の回りのものについて，科学的根拠に基づいて考えることの大切さに気づくことができます。

鳩によってもたらせられる被害

日本各地で見られる鳩。

その鳩の被害に悩まされている人は多く，家庭だけでなく学校などの公共施設でも問題視されています。その被害の多くは糞害で，美観や清潔感が損なわれる汚れだけでなく，アレルギーや病気など人体への影響にも注意が必要です。

さて，そのような被害を減らすため，壁や柱に取りつけられる磁石や，糸で吊るす磁石が「鳩よけグッズ」として市販されています。それらははたして効果があるのでしょうか？

磁石が鳩よけに効果的？

遠い距離を飛んで帰る伝書鳩からもわかるように，鳩は

地球の磁場を頼りに飛んでいると言われており、その脳には、磁石（磁鉄鉱）が存在していることが発見されています。

　それで、鳩に影響を与えると考えて、磁石つきの鳩よけグッズが販売されているようです。しかし、日本鳩対策センターによれば、地震が発生して地場が乱れると「鳩レース」中の鳩の帰還率が落ちるという報告があるものの、鳩の方向感覚が悪くなることはあっても、飛べなくなるわけではないらしいです。

　よって、磁石が鳩よけに使用されるとしても、科学的に考えるとその効果は限定的で、広範囲ではほぼ効き目はないと考えていいでしょう。

生物がつくる磁石

　磁石（磁鉄鉱）は、通常マグマから形成される火成岩の一成分として地中に存在しています。しかし、上述した鳩のように、多くの生き物の体内からも磁石が発見されています。

　ローウェンスタムは1962年、貝の仲間であるヒザラガイの歯に磁石を近づけたところ鉄粉のように並ぶものを見つけました。

　これを分析した結果、

　磁鉄鉱＝マグネタイト（Fe_3O_4）

であることが確認されました。

　これが生物から発見された初めての磁石で、この報告に

より磁鉄鉱が生体内において形成されることが示されたのです。

その後，細菌や鳥類，魚類からも磁鉄鉱が発見されたことが報告されています。いずれも生体内で磁鉄鉱を形成するため，生物はタンパク質などの有機物を使って鉄の濃縮や酸化還元を制御していると考えられてきました。

しかし，そのプロセスは十分に解明されておらず，どのタンパク質がその機能を担っているか，明らかにされていませんでした。

磁石形成の秘密を解明

2019年，根本らは，ヒザラガイの遺伝子・タンパク質の網羅的解析を行い，磁鉄鉱の形成にかかわると考えられるタンパク質を見つけ出すことに成功しました。

今後さらに磁鉄鉱形成の仕組みを明らかにすることができれば，磁気メモリや二次電池の材料，MRI に利用されている磁鉄鉱を地球に優しいエコな方法で開発できる可能性があり期待されています。

歯の硬さもすごいヒザラガイ

磁鉄鉱で脚光を浴びたヒザラガイは，日本各地の海岸にも生息しています。

貝と言ってもダンゴムシのような姿をしており，扁平な背面に1列に並んだ8枚の殻を持っています。実は，このヒザラガイは体内で磁石をつくるだけでなく，歯がとても

硬いことでも知られているのです。

　先述したローウェンスタムは，そのヒザラガイの歯が高い強度をもつことも示しました。その後の研究者が行った硬さ測定の結果から，ヒザラガイの歯が生物由来の鉱物，つまりバイオミネラルの中で，最も高い硬度および剛性をもつことが示されたのです。

　その硬さは，高強度材料として歯科材料や研磨材，切削工具などに用いられるジルコニアを超えることが示されており，海藻や岩の表面に生えている小さな藻類などを，かじりとって食べます。時には，岩ごとかじりとってしまうそうです。

　今後，歯の仕組みを解明していく中で，高強度材料の開発という観点からも，そのヒントが出てくるか注目されています。

〈参考文献〉
・日本鳩対策センター「磁石や CD を吊るすと鳩よけになるってホント？」
　https://www.hatotaisaku.jp/guide/1959/
・根本理子（2017）「ヒザラガイの磁鉄鉱形成メカニズム─磁石の歯形成にかかわるタンパク質の探索─」化学と生物 Vol. 55, No. 10, pp.656-658
・岡山大学 PRESS RELEASE「ヒザラガイの『磁石の歯』形成に関わるタンパク質を同定」
　https://www.okayama-u.ac.jp/up_load_files/press30/press-190221-5.pdf
・東京動物園協会「軟体動物の食生活いろいろ」
　http://www.tokyo-zoo.net/topics/profile/profile11.shtml

（稲井　雅大）

世界最強のネオジム磁石は日本人が発明した?!

> ■どんな場面で使える？
>
> 　身近な物の中に，意外にたくさん磁石が使われていることを知らせる場面で使えます。これにより磁石への興味・関心を広げることができます。

磁石っていつからあるの？

　磁石の歴史はとても古く，紀元前には発見されていたと言われています。

　鉄を引き寄せる石が見つかったものが，磁石の始まりと言われています。この石が，天然磁石と言われる，磁鉄鉱という鉱石です。

　マグネットの語源は，

・マグネシアという地域で最初に磁鉄鉱が見つかったから

・ギリシャ北部の海岸付近のマグニシアで大量の磁鉄鉱が産出したから

・羊飼いの「マグネス」が天然磁石を発見したから

など，いくつかの説があるそうです。

人工磁石にチャレンジした日本人

　人工的な磁石（永久磁石）の歴史はいったいどうなっているのでしょうか？

　人工磁石の発展には，実は多くの日本人が関係しています。そのうちの代表者2名を紹介しましょう。

　まず，初めての人工磁石（KS鋼と呼ばれる）は，本多光太郎氏らによって開発されました。そして，現在最も強力と言われる「ネオジム磁石」は，1982年に佐川眞人氏が発明しました。

　日本は磁石開発の第一人者と言えるのではないでしょうか？

磁石はどうやってできるの？

　磁石を手に入れる方法はいくつかあります。

　まずは，自然にある磁石になるものを見つけることです。磁鉄鉱（マグネタイト）と呼ばれる鉱石は，そのままで磁石として扱うことができます。

　日本では，多くの地域で採ることができます。世界最大の磁鉄鉱が採れる場所がスウェーデンのキルナというところにあります。その他，世界各地で産出しています。

　では，人工的につくるには何が必要でしょうか？

　磁石の材料となるものは，自然に存在する鉱物です。主に必要なものは，鉄と銅です。磁石の原料として使用する鉄は，自然鉄と呼ばれる不純物を多く含んだものを使用します。

　なぜ，純粋な鉄を使わないのかというと，不純物を含んでいる方がさびにくいからです。

　しかし，強力な磁石をつくるには，今までのものだけではできません。

　鉱石の他に，「希土類元素」と呼ばれる元素が必要になります。希土類元素とは，「レアアース」と呼ばれる希少な金属のことです。この元素の中のネオジムを使ったものが，「ネオジム磁石」と言われています。このネオジムや鉄，ホウ酸などを粉末状にしてから，焼き固める方法でつくられています。

　最後には，メッキ加工を施して完成になります。

ネオジム磁石とは？

　現在世界中にある磁石の中で，最強の磁石がネオジム磁石です。

　磁石の大きさは，電車，電気自動車，エレベーターの駆動用マグネットに使われている大きなものや，パソコンのハードディスクの中に入っているような数mmほどの小さなものまで，いろいろあります。

　ネオジム磁石はとても磁力が強く，2枚重なってしまうと普通の磁石のように簡単にはがすことはできなくなってしまいます。

　そして，よく時計や携帯電話などの電子機器に，磁石を近づけないようにという注意がありますが，ネオジム磁石はさらに磁力が強力なため，絶対に近づけないようにしま

しょう。

　これだけ磁力が強く，つくるのも手がかかるネオジム磁石ですが，なんと100円均一にも置いてあるぐらい簡単に買うことができ，安い値段で手に入れることができます。これだけ強い磁力があるのに，安く手に入るから，様々なものにこの磁石が使われているのではないでしょうか。

　実際に世界最強の磁石としては，ネオジム磁石ではなく，電磁石が挙げられます。しかし，電磁石は普段簡単に使うことができないので，やはりネオジム磁石が最強と言えるでしょう。

〈参考文献〉
・株式会社二六製作所「磁石の歴史」
　https://www.26magnet.co.jp/database/mag-history/
・Magnet Kids「磁石のひみつ」
　https://www.magfine.org/magnetkids/secret/history.html
・NeoMag「磁石の製造方法と家でもできる作り方」
　https://www.neomag.jp/mag_navi/column/column003.html
・暮らし〜の「世界最強のマグネット『ネオジウム磁石』の強力さとは？強すぎて危険⁉」
　https://kurashi-no.jp/I0014715

（平川　晃基）

電池の歴史は200年以上もある?!

> ### どんな場面で使える?
>
> 　多くの研究者による発明が電池を進化させました。その歴史を知ることで，先人らの飽くなき研究開発への思いに触れることができ，電池の見方が変わります。

ガルヴァーニ VS ボルタ

　世界で初めて電池をつくった人物は，イタリアのアレッサンドロ・ボルタです。ボルタの名前は，電圧の単位（V：ボルト）の語源にもなっています。ボルタが電池を発明するきっかけとなったのが，同じくイタリアのルイージ・ガルヴァーニの発見です。つまり，ガルヴァーニがいたからこそ，ボルタは電池を発明することができたのです。では，ガルヴァーニはどのような発見をしたのでしょうか?

　1791年に，ガルヴァーニは，カエルの足に異なる種類「(animal electricity)」と名づけ，この現象は動物電気によるものだと考えました。ガルヴァーニは，動物電気は生き物の体の中で生まれるものだと信じていました。

　しかし，ボルタは，生き物の体の外でも電気は生まれる

と考えました。２人の間で言い争いになりました。そこで，ボルタはガルヴァーニの考えが間違っていることを証明するために，世界初の電池をつくりました。それが「ボルタ電池」です。

　1800年のボルタ電池の発明でボルタの考えが正しいことが証明されました。

「ボルタ電池」と「ダニエル電池」

　1800年に発明された「ボルタ電池」は，希硫酸という液に亜鉛板と銅板を浸し，この２枚の板を銅線でつなぐと，電気が流れるというものです。しかし，電気を起こす力（起電力）がすぐに弱くなってしまうなど，いくつか問題がありました。

　この問題を解決したのが，イギリスのジョン・フレデリック・ダニエルが発明した「ダニエル電池」です。亜鉛板と銅板の間に，植木鉢のような素材の「素焼き板」を入れて区切り，それぞれに異なる液を入れました。そうすることで，電気を起こす力をある程度，保つことができるようになりました。1836年のことです。

「鉛蓄電池」と「ニッケル・カドミウム電池」

　「鉛蓄電池」は，フランスのガストン・プランテによって発明された，最初の「充電ができる電池」です（1859年）。「鉛蓄電池」は今も自動車のバッテリーなど，多くのものに使われています。150年前の発明が今も身の回りで

使われているということは，プランテの発明はとても素晴らしいですね。

　また，1899年には，スウェーデンのエルンスト・ワルデマール・ユングナーによって「ニッケル・カドミウム電池」が発明されました。鉛蓄電池と同じく充電ができる電池で，徐々にニッケル・水素電池に代わりつつありますが，今も使われています。

「ルクランシェ電池」から「ガスナー電池」へ

　皆さん，「マンガン乾電池」は聞いたことがあると思います。現在もマンガン乾電池はあちらこちらで売られていますね。そのマンガン乾電池の基礎となったのが「ルクランシェ電池」です。フランスのジョルジュ・ルクランシェが発明しました。構造は，亜鉛板（負極）と二酸化マンガン（正極），それに塩化アンモニウム水溶液を用いています。そのため，電解液が漏れたりし，扱いが不便であったため，問題がありました。

　ドイツのカール・ガスナーがルクランシェ電池を改良してつくったのがガスナー電池（今で言う「マンガン乾電池」）です。吸水性の材料に電解液を含ませ，液がこぼれないようにしたので，「乾電池」と呼ばれました。ちなみにダニエル電池などの湿った電池は，湿電池と言います。ガスナーは1886年４月８日にドイツで特許を取りました。

　その頃，日本でも電池の発展に大きく貢献する様々な研究がありました。その一人が屋井先蔵でした。屋井も「乾

電池」を発明し，1892年10月4日に特許が出願されました。

　1985年には，日本の吉野彰（2019年ノーベル化学賞受賞）らによる「リチウムイオン電池」も発明され，次世代電池として注目されています。

　このように，電池には非常に長い歴史があり，そして徐々に進化してきました。これからも，電池の研究開発は行われ，進化していくことでしょう。この長い歴史を引き継ぐのは，次世代を担う「あなた」です！

〈参考文献〉
・Sisaku.com「ボルタ電池からリチウムイオン電池まで解説。アルミも活躍の『電池の歴史』」
　https://www.shisaku.com/blog/anatomy/post-73.html
・電池の情報サイト「【電池の歴史】電池の歴史 ボルタ電池〜リチウムイオン電池，全固体電池まで」
　https://kenkou888.com/ 電池の雑学 / 電池の歴史 _ リチウムイオン電池 _ 全固体電池 .html

（岩本　哲也）

ケーキの砂糖菓子は電気を通す ?!

> **どんな場面で使える？**
>
> 　テスターを使って，身の回りにある電気を通すものを探す際，ステンレスなど曖昧なままになっているものを確認する場面で使えます。水や空気は電気を通すのでしょうか。

水は電気を通す？

　豆電球と乾電池を使って「テスター」をつくったことがありますか？　テスターは水に入れても光りませんが，食塩水に入れると光ります。これにはイオンという電気を帯びたものが関係していて食塩のプラスのイオンとマイナスのイオンが水に溶けて電気を通しやすくしているのです。

　理科室にある精製水は混じりけのない水で，厳密には電気を通さないと言われていますが，生活の中で使う水は空気中の二酸化炭素が溶けたり，水道水の中のカルシウム，ナトリウム，カリウム，マグネシウムや体の汚れや汗などが水に溶け，イオンとなって電気を通しやすくしていたりします。だから，濡れた手でドライヤーのコンセントを入れたり，お風呂につかりながらスマホの充電をしたりしてはいけません。感電する可能性があり，とても危険です。

では，食塩水の代わりにテスターを砂糖水やエタノール
の中に入れるとどうなるでしょうか？　それらには，液体
中に電気を帯びたイオンがないため，電気を通しません。
一方，レモン汁，塩酸や硫酸，お酢などの酸性の液体や水
酸化ナトリウムやアンモニア水などのアルカリ性の液体は，
電気を帯びたイオンがあるため電気を通します。

空気は電気を通す？

　雷は，雲の中の小さなゴミや水の粒がこすり合って静電
気が溜まり，溜めきれなくなった電気が一気に放電する現
象です。雷雲から地面に向かって一瞬光って雷は地面に落
ちます。電気を流そうとする力の単位を「電圧」と言い，
ボルト（V）で表しますが，日本の家庭用電気の強さ100
Vに対し，雷は約1億Vと言われています。それだけ大き
な電圧をかけると，空気さえも電気を通すのです。

　テスターを使って，身の回りにある鉄やアルミニウム，
ガラス，木などが電気を通すものか通さないものかを調べ
る活動を行ったと思いますが，身近な雷も，空気に電気が
通って発生します。つまり，空気に限らず，ほとんどのも
のは高い電圧をかけると電気を通すということです。

　逆に，乾電池の低い電圧では通しません。丁寧な言い方
をすれば，電気を通すものと通さないものというより，電
気を通しやすいものと通しにくいものということになりま
す。ちなみに，電気を通しやすい金属は通しやすい順に銀
→銅→金→アルミニウム→鉄であることが知られています。

身の回りにある電気を通しやすいもの

金属には，電気をよく通す性質がありますが，金属とは
言いづらいものの中にも，電気を通しやすいものがありま
す。テスターでも確認できる電気を通しやすいものにはど
んなものがあるでしょうか？

例えば，ケーキのデコレーションで使われる砂糖菓子の
アラザンや，オーラルケア用品の「仁丹」（森下仁丹）は，
表面に銀箔がコーティングされているため電気を通します。
アラザンの中でも，ピンクや黄色に光るアラザンには電気
を通さないものもあります。

銀色の折り紙は，銀色の面が電気を通します。しかし，
金色の折り紙は，金色の面でも電気を通しません。金色の
表面の薄い膜を少し削ってテスターを当てると光ります。
薄い膜が電気を通さないようにしているようです。赤色や
緑色の光沢の折り紙でも，薄い膜を削ってテスターを当て
ると光ります（折り紙のメーカーによって，多少異なりま
すので，確かめる場合には予備実験をしてください）。

他にも，シャープペンシルの芯は黒鉛でできているため
電気を通します。鉛筆の両端の木の部分を少し削ってテス
ターを当てると電気を通します。教室では確認できないか
もしれませんが，炭素でできているダイヤモンドは電気を
通しません。

また，金属のように見えても電気を通しにくいものもあ
ります。スチール缶やアルミ缶の表面はそのままでは電気
を通しませんが，表面を削ると電気を通します。

電気を通しやすいか，磁石につくかのマトリックス表

金属は電気を通しやすいということを学ぶと，金属は磁石につくと誤って理解してしまうことがあります。そこで，電気を通しやすいか，磁石につくかのマトリックス表をつくって整理してみるのはいかがでしょうか？

電気を通しやすいか，磁石につくかのマトリックス表

	磁石につく	磁石につかない
電気を通しやすい	鉄，ニッケル，400系ステンレス，スチール缶の表面を削った部分	銀，銅，金，アルミ，300系ステンレス，アラザン，森下仁丹，シャーペンの芯，銀色折り紙，アルミ缶の表面を削った部分
電気を通しにくい	スチール缶の表面，ホランダイト型酸化物 K2Cr8O16	木，ゴム，プラスチック，ビニール，水，空気，紙，ガラス，金色折り紙（メーカーによる），アルミ缶の表面

磁石につく金属は鉄やニッケルなどに限られます。金，銀，銅，アルミニウムなどは磁石につきません。したがって，すべての金属が磁石につくわけではありません。他にも，ステンレスは鉄50％以上を含む鋼ですが，400系ステンレスは磁石につき，300系ステンレスはつきません。また，ホランダイト型酸化物と呼ばれる電気を通しにくいが磁石にはつく物質の研究開発も行われています。

〈参考文献〉

・KEK「強磁性を保ったまま金属から絶縁体になるしくみを解明」
https://www.kek.jp/ja/NewsRoom/Release/20111222140000/

（宮澤　　尚）

単1・単2・単3・単4
という表現は日本だけ?!

> **どんな場面で使える?**
>
> 　乾電池を用いた電気の実験の場面で使用できます。身近
> で使用している乾電池の秘密を知ることで，電気に関して
> 興味・関心を広げることができます。

乾電池を単1，単2って呼ぶのは日本だけ?

　日本では，乾電池を「単1」「単2」などと呼びます。
これは，実は日本だけの通称です。語源は，英語の Single
cell（単電池）からきています。

　アメリカでは単1のことをDと呼んでいたり，中国では
1号，イギリスでは U2 もしくは HP2，ロシアでは
Type373，ヨーロッパでは mono と表現されたりしていま
す。国際規格としては，R20というような表記をされます。

　このように，乾電池にもそれぞれの国によって違う呼び
方があります。

単1から単〇まであるの?

　乾電池と言われてまず，単3電池を思い浮かべますか?
　単3電池には，アルカリ電池とマンガン電池の2種類が

あります。この2つの違いは，パワーと電圧です。アルカリ電池はパワーがあり，長持ちするのが特長です。マンガン電池は休み休み使うことで電圧が回復するという特長があります。アルカリ電池とマンガン電池ともに単1から単5まで種類があります。

　では，なぜ乾電池は単〇というのでしょう？

　一般社団法人電池工業会によりますと，単1，単2の「単」は，1つの電池という意味だそうです。それで「単位電池」と呼ばれ，その「単」を使って，単1，単2になったということです。数字は，大きいほど小さい電池を示しています。単1，単2は，日本だけの呼び名ですが，1942年にJIS規格で決まったとのことです。単3は1951年，単4，5は1956年に追加されました。

単1から単5では大きさ以外に何が違うの？

　では，単1から単5と分かれている乾電池には，いったいどんな違いがあるのでしょうか？

　答えは4つあります。

・重さ

・長さ

・太さ

・電池の寿命

が違います。

　重さは単1が一番重く，続いて単2→単3→単4→単5の順になっています。

　長さは単1が一番長く，続いて単3→単2→単4→単5
の順になっています。1から順に短くなっているわけでは
ありません。

　太さは単1が一番太く，続いて単2→単3→単5→単4
の順になっています。一番軽く短かった単5ですが，太さ
は単4よりも太くなっています。

　電池の寿命は同じように電力を使ったとすると，重さと
同じ順になっており，単1が一番長く，単5が一番短くな
っています。アルカリ電池になり，寿命も大きな差がない
ようになってきています。

　しかし，形はどれも円柱で同じになっています。電圧も
どれも1.5Vで大体同じです。

単6はないの？

　日本には，規格上単5までしかありません。しかし，実
は単5の次に単6というものがあります。単6は，単5よ
り長く，単4よりも細いです。単6はアメリカの規格で
「ＡＡＡＡ」と定義されています。ちなみに単3が「ＡＡ」，
単4が「ＡＡＡ」です。

　日本には規格上単5までしかなく，単6は生産されてお
らず，海外製の電池のため，わかりやすいように単5の次
の番号があてはめられていると考えられます。

円柱ではない電池があるって本当？

　円柱の形ではない，四角い形の電池を見たことがあると

思います。これは，「9V（ボルト）形」と呼ばれ，6つの電池を重ねてつくられている電池です。そのため，電圧が他の電池に比べて高くなっています。

　その他，電池の形状には，ボタン形，コイン形，パック形，ピン形，シート状などがあります。このように，電池には，様々な種類があることがわかります。

これからの電池について

　1990年代にリチウムイオン電池が開発され，スマートフォンやパソコン，タブレット端末など，様々なものに使用されるようになりましたが，電池はよりサイズも小さく，高機能なものが求められることとなり，電池に代わる別のものが必要になってくるかもしれません。

　そのときは，なぜそのような名称になったのか，そのものの歴史について調べてみるのもよいでしょう。

〈参考文献〉
・一般社団法人電池工業会「なるほど電池Q＆A　Q11. 乾電池の呼び名の，単1，単2とは何ですか？」「なるほど電池Q＆A　Q11. いつから単1〜単5といわれるようになったのですか？」
　http://www.baj.or.jp/qa/battery/11.html
　http://www.baj.or.jp/qa/history/11.html

（平川　晃基）

クモは巣の上で
見事な足さばきを披露している?!

> **どんな場面で使える?**
>
> 昆虫がすみかに適した体のつくりをしていることを学習する場面で使用できます。体の細かなつくりや暮らし方に合わせた体の工夫に興味・関心を広げることができます。

クモの糸はどこから出る?

昆虫は,脚が6本,体が頭・胸・腹に分かれていると学習します。しかしクモは,脚が8本,体のつくりは頭胸部・腹部からなる…つまり,昆虫ではありません。8本の脚はすべて頭胸部についています。

そして,クモと言えば糸を想像するくらい,クモと糸とのつながりは深いです。クモの食性は肉食が多く,網を張って,虫を捕食することで知られています。網に獲物が引っかかると,その振動を合図に獲物に近づき,獲物を糸で巻きつけて身動きできなくしてから捕まえます。

では,その糸はどこから出ているのでしょうか?

おしりのように思えますが,正しくは腹の先の方です。腹の先に「出糸突起」または「糸疣」と呼ばれるとがったところがあり,そこから糸を出しています。

頭胸部

腹部

出糸突起
（糸疣）

背面から見た様子

　それを拡大すると，その先端には「出糸管」という大砲のような器官があり，糸はそこから放たれます。これらは「糸腺」という袋状の器官につながっていて，糸となる液体がつくられ貯められています。多くのクモにはこの出糸突起が３対あり，異なった糸腺につながり，糸の使い道によって分泌される腺や管を使い分けているのです。

　ねばねばした糸でできたクモの巣は，そこにひっかかった獲物を捕らえるためのしかけです。巣の糸の動きで，獲物がかかったのを知ったクモは，すぐかけつけてきて，獲物に糸を巻きつけ完全に動けなくしてしまいます。しかし，なぜクモが自分の糸にからまらないのか不思議ですよね。

クモが自分の糸にからまらない秘密

　一般にクモの巣として想像されるのは，次の図のような円網と呼ばれるものでしょう。このような構造の巣は主に，縦糸と横糸の２種類の糸があるのです。

　クモは巣をつくるとき，まず中心から放射状に伸びる縦

糸を張ります。縦糸を張り終わったら，うずを巻くように横糸を張ります。この横糸に，ねばねばした粘液の玉がたくさんついているのです。縦糸には粘液がついていないので，くっつくことはありません。クモは

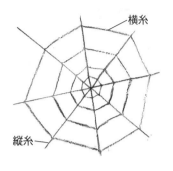

クモの巣 (円網)

それを知っているので，ねばねばしない糸を伝って歩いているのです。

　ここでは，糸を出して網のような巣をつくることについて紹介しましたが，実際にはほぼ半数の種が網を張らずに獲物を捕まえます。糸は，網を張るためだけではなく，卵のう作成，繁殖行動，移動，脱皮の際の固定など，様々なことに使われます。

　そのことがわかったうえで，獲物がかかったときのクモの動きを観察してみましょう。主に，縦糸などの粘着性のない糸の上を移動していることがわかります。しかし，縦糸に粘液がついてないことがわかっているにしても，見事な脚さばきです。たまには，横糸に触れてしまうこともあるのでは？

　実はもう一つ秘密があり，クモの足先は数百という毛で覆われており，糸にあたる表面積が少ないこと，さらにその足先は油性のものを分泌しており，万が一横糸に触れてもくっつきにくい仕組みを備えていると言われています。

試しに，石けんなどで足を洗って油性のものを洗い落とすとクモは自分の巣糸にくっついて自由に歩くことができなくなるそうです。

クモの糸の未来

　近年は，クモの糸の強度にも注目が集まっています。クモの糸は鋼鉄の4倍の強度をもちながら，ナイロン繊維よりも伸縮する性質をもつ夢の繊維なのです。たった5ミクロン（0.005㎜）という糸の太さですが，私たちが使っている糸と同じ太さになれば，強度がものすごく高まるということです。1㎝ほどの太さに束ねると飛んでいるジャンボジェットですら捕まえることができるかもしれません。

　数年前には，日本のベンチャー企業がクモの糸を人工的につくる技術を実現し，様々な場面での応用が期待されています。まだまだ未来が楽しみな分野です。

〈参考文献〉
・蜘蛛研究室「蜘蛛の糸はどうなっている？　蜘蛛が巣を作る理由とくっつかない理由は？」「蜘蛛の糸や毒はどこから出すのか？」
　http://spider-lobo.com/archives/560
　http://spider-lobo.com/archives/511
・コトバンク「クモ」
　https://kotobank.jp/word/%E3%82%AF%E3%83%A2-1527620
・財経新聞「世界初の『人工合成クモ糸繊維』量産化へ，スパイバーが技術を開発」
　https://www.zaikei.co.jp/article/20130527/133363.html

（坂田　紘子）

地球上の生物種は多種多様 ?!

> ### どんな場面で使える？
>
> 　様々な環境に適応して進化してきた昆虫の豊かな個性を
> 知る場面で使えます。それらのつながりを考え，生物多様
> 性の損失を阻止する行動に結びつけていくことができます。

昆虫の種類が一番多い？

　地球上には，どれくらいの種類の生物が生きていると思
いますか？

　100 ？

　1000 ？

　10,000 ？

　100,000 ？

　では，次は，皆さんが知っている昆虫の名前を言ってみ
ましょう。

　チョウの仲間だと，モンシロチョウ・モンキチョウ・キ
アゲハ・クロアゲハ・カラスアゲハ・ツマグロヒョウモ
ン・コノハチョウ…まだまだありそうですね。

　バッタの仲間だと，トノサマバッタ・クルマバッタ・シ
ョウリョウバッタ・オンブバッタ…そう，たくさん出てき

ますね。

　環境省「平成20年度版　環境／循環型社会白書」によれば、全世界のすでに知られている種数は約175万種だそうです。そのうち、昆虫はなんと約95万種で、全体の50％強を占めており、昆虫の種類が一番多いとは驚きですね。

生物多様性って？

　地球上の生物は40億年という長い歴史の中で、様々な環境に適応して進化し、多様な生物が生まれました。大きなものから小さなものまでいろいろな生物がいて、同じ種でも個性に違いが見られます。

　そうです。皆さんの顔が一人ひとり違うように。これらの生命は一つひとつに個性があり、すべて直接的に、あるいは間接的に支え合って生きています。「生物多様性」とは、生き物たちの豊かな個性とつながりのことを言います（環境省）。

　1992年の生物多様性条約では、生態系の多様性・種の多様性・遺伝子の多様性という３つのレベルで多様性があるとしています。種の多様性とは、いろいろな種類の生き物がいること。例えば、昆虫を観察したとき、口の形が違っていましたね。各々が植物や他の動物を食べるのに適した口器をもつ体をつくり上げてきたのです。

　次に、遺伝子の多様性とは、同じ種でも形や模様、生態などに多様な個性があること。昆虫も１匹１匹違っているのです。また、生態系の多様性では、様々な生物とまじり

合い，森林，草地，河川，湿原，干潟，サンゴ礁などいろいろなタイプの自然ができ上がっています。

日本の自然環境と生き物のつながり—生態系の多様性

日本にいる昆虫は3万種と言われています。その地域にだけ住む固有種も多いのです。

それは，南北約3,000kmにわたり，海岸から山岳までの高低差があり，はっきりした四季の変化，火山の噴火や台風などの自然現象，そして，人間の活動の影響も受けて，多様な生態系が形成され，様々な生き物の生活の場となっています。

また，国土が森林で覆われ，日本の森林面積の割合は66％，世界平均は31％です。生物の宝庫なのです。

絶滅のスピードを速めている？

私たち人間の活動の影響によって，生き物たちの絶滅のスピードは自然の速度の約100〜1,000倍になっていると言われています（環境省）。私たち人間も生き物であり，他のたくさんの生き物とつながり，支えられて生きています。

しかし，私たち人間の活動により，例えば，世界の森林がどんどん消失しているそうです。

絶滅を加速させない知恵

①国際生物多様性の日

毎年5月22日は，国連が定めた「国際生物多様性の日」

です。世界各地において，5月22日を中心に生物多様性を感じ，学び，行動するイベントを開催することが奨励されています。2019年には，日本全国で約180件が開催されました。

② SDGs（持続可能な開発目標）

　SDGs は，2015年国連サミットで採択されたもので，2016年から2030年までの15年間で達成するために掲げた目標です。環境に関する目標としては，

　　目標6「安全な水とトイレを世界中に」

　　目標13「気候変動に具体的な対策を」

　　目標14「海の豊かさを守ろう」

　　目標15「陸の豊かさも守ろう」

が挙げられています。

〈引用・参考文献〉
・環境省「平成20年度版　環境／循環型社会白書」
　https://www.env.go.jp/policy/hakusyo/h20/index.html
・環境省「生物多様性とは」「生物多様性に迫る危機」
　http://www.biodic.go.jp/biodiversity/about/about.html
　http://www.biodic.go.jp/biodiversity/about/biodiv_crisis.html
・環境省　報道発表資料「国際生物多様性の日（5月22日）について」https://www.env.go.jp/press/106699-print.html
・外務省 JAPAN SDGs Action Platform「持続可能な開発のための2030アジェンダ（仮訳）」https://www.mofa.go.jp/mofaj/gaiko/oda/sdgs/pdf/000101402.pdf

（松田　雅代）

昆虫が人間と同じ大きさなら，
100m走を1秒かからずに走れる?!

> **どんな場面で使える？**
>
> 　身の回りの生き物の学習と関連させて扱うことができます。昆虫が苦手な人も，昆虫の力のすごさがわかり，興味・関心をもつことができます。

　皆さんは，身の回りの生き物たちが，もし人間と同じ大きさになったときのことを考えたことがありますか？

　今回は，もし生き物たちが人間と同じ大きさになって人と同じことをするとどのような記録になるのかをまとめてみました。人の大きさは180cmで考えます。

100m走

　足の速い生き物と聞いて何を思い浮かべますか？

　私は，チーターが一番に思い浮かびます。しかし，そのチーターでも2秒はかかってしまいます。実際に，体の大きさはそのままとすると，やはりチーターが速いようです。では，人間の大きさになったときにとても速い生き物は，何でしょう？

　それは，メダカハネカクシという昆虫の仲間です。この

虫は，敵が迫るとガスを勢いよく発射しジェット噴射のように水面を飛んで逃げます。それにより，メガネハネカクシは自分の体長の150倍の距離を1秒で移動すると言われており，もし人間サイズに直すと時速は900kmを超えます。飛んで移動しているので，厳密に言えば「走」ではないかもしれませんが，これは，100mを0.4秒前後で走ることができる計算になります。目が追いつけそうにありません。他にも速い昆虫はたくさんいます。

　ハンミョウという虫は，走る速さが時速800kmにもなります。つまり，100mを0.5秒，皆さんが知っているゴキブリの仲間ワモンゴキブリも非常に速く，1秒間に体長の約50倍の距離を走る（1.12秒／100m）と言われています。したがって，100mのタイムは1.12秒になります。

高跳び

　人間の高跳びの世界記録はキューバ人のハビエル・ソトマヨル選手の2.45mです。では，昆虫の中で一番ジャンプ力のある生き物は何でしょう？

　皆さんの身近でよく跳ぶ昆虫と言えば，バッタですよね。しかし，バッタが一番ではありません。バッタは自分の体長の約20倍の距離，36mも跳ぶことができます。しかし，もっと跳ぶことができる虫がいます。それはノミです。ノミは非常に小さく，よく犬や猫の毛の中にいます。そのノミの中でも一番ジャンプ力のあるイヌノミは，自分の体長の220倍の高さを跳ぶことができます。人間サイズで考え

ると396mも跳ぶことができます。なんとバッタの10倍以
上も跳ぶことができます。

実際にこんなことって起きるの？

　このように，昆虫たちにはすごい力が備わっていること
がわかります。しかし，今回挙げたことは実際に起きるこ
とはないでしょう。なぜなら，体長が100倍になると，体
重が1,000,000倍になりますが，筋力は断面積に比例すると
考えられるため，10,000倍にしかなりません。つまり，体
を支えることすら危うくなってしまいます。このため実際
に起きるとは考えにくいです。

昆虫の力が応用されているもの

　実際に昆虫が大きくなることはありませんが，世の中に
は昆虫の能力が活かされているものがたくさんあります。
　「しぜんもん」（NACS-J）を見てみると，例えば，タマ
ムシの光沢があります。この光沢は，色素でできたもので
はありません。とても薄い層が重なり，そこに光が当たる
と，特殊な反射が起こり様々な色が見えるようになります。
この仕組みを「構造色」と言います。構造が崩れない限り，
いつまでも色あせたりすることはありません。そのため，
ステンレスなどの金属を様々な色に発色させることに使わ
れています。化学塗料などが使われていないため，リサイ
クルが簡単にできるだけでなく，口に入れても安心して使
用することができます。

他には，ホタルの光の仕組みがコンサートなどで使われるケミカルライト（ペンライト）として活かされていたりするなど，様々なことに昆虫の能力や仕組みが利用されています。これからは，昆虫の能力を活かすことで，豊かな暮らしを見つけることができるのではと思います。

〈参考文献〉
・BBC ワールド・アニマル・カップ　スポーツの祭典（DVD）
・俊足ノート「もしも人間と同じ大きさだったら…100m が最速の生き物は何だ⁉」
　http://kakekko.training-matome.com/2017/03/18/post-851/
・らんらんランキング「【テ○フォーマーズ】昆虫が持つ驚愕の能力8選」
　https://ranran-ranking.xyz/animal/insect-ability
・ailovei「体長の200倍もジャンプ！世界一飛び上がる動物（ランキング）」
　https://ailovei.com/?p=73182
・しぜんもん「注目の新テクノロジーは日本人の自然観と技術力が肝！」
　http://nacsj.net/magazine/post_138.html
※本稿の各数値は，「ワールド・アニマル・カップ」「俊足ノート」「らんらんランキング」「ailovei」を参照している。

（平川　晃基）

地中熱は縄文時代から
利用されている?!

> 【どんな場面で使える?】
>
> 　気温や家づくりの内容から，教科横断的に日本の気候や
> 土地と暮らしの様子について興味・関心を広げることがで
> きます。

地中の温度って暑いの?　寒いの?

　地表から10〜200mほど地下にある熱のことを地中熱と
言います。この範囲にある地中の温度は，下の図のように
真夏であっても真冬であっても約15℃で一定となっていま
す。

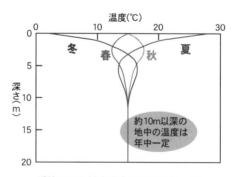

季節による地中温度の変化イメージ
※「地中熱利用システム」環境省，2019より

つまり夏は涼しく，冬は暖かく感じるという性質をもっているのです。

地中熱を利用するメリット

地中熱の安定した熱エネルギーを取り出し，冷暖房や給湯，融雪などに利用することを「地中熱利用」と呼んでいます。地中熱を利用すればエネルギーを節約できるだけでなく，エアコン室外機の大気への放熱をなくせるため，特に都市部ではヒートアイランド抑制に有効だと言われています。

また，消費電力の削減は，電力使用による二酸化炭素の排出削減にもつながります。

地中熱はどんなところで利用されているの？

2012年5月に開業した東京スカイツリーでは，地中熱を利用した冷暖房システムが採用されました。地中から取り出した熱を周辺地域約10haに供給しています。環境省によると，それにより同規模の従来システムに比べ，年間エネルギー消費が約44％削減できたということです。

東京国際空港（成田空港）の国際線旅客ターミナルビルは，建設地の地盤が軟弱であったため，約50mの深度まで杭を打つ必要がありました。これを活用して地中熱ヒートポンプで熱回収をし，冷暖房を行っています。

この他，温水プールや駅，病院など公共の場でも採用される場所が増えてきています。また，東北や北海道といっ

た豪雪地域では，道路下の配管に地中熱で温めた液体を循環させることによって道路を温め，雪を溶かしたり道路が凍るのを防いだりしています。

　環境省の調査によると，2017年度末までの国内における地中熱利用システムの設置件数は合計7,748件となっています。地域別に見ると北海道が762件と一番多く，山形県（724件），千葉県（652件）と続いています。

　さらに最近では家庭用の冷暖房として地中熱を利用した住宅も，様々な企業で開発されており，今後も増えていくことが予想されます。地中熱利用促進協会によれば，地中熱利用ヒートポンプ（エアコン）を全国の10％の家庭が導入すると，年間14億5000万 kWh の電力を削減できるという試算も出ています。

縄文時代から利用されている地中熱

　実は地中熱は昔から日本でも竪穴住居という形で利用されてきました。竪穴住居は，円形や方形状に掘った地面に，何本かの柱を建てて，梁などをつなぎ合わせて家の骨組みをつくり，その上に土や葦などで屋根茸を施した古代の建物です。

　くぼみの深さは1 m前後で，地下式にすることで地中熱により，冬暖かく夏涼しかったと考えられています。

　冬の寒さの厳しい北海道地方では，江戸時代まで竪穴住居で地中熱を利用してきました。北海道教育委員会によれば，北海道東部にある北見市常呂遺跡，標津町標津遺跡群

では，日本最大規模数の竪穴住居跡が見つかっているそう
です。何千年もの長い期間，その地域の人々が自然に対し
て，工夫を凝らしながら，調和して暮らしていたことがわ
かります。

竪穴住居の構造イメージ

　このように，電気のなかった昔の人の知恵をもう一度振
り返って見ると，エコのアイデアが隠されているかもしれ
ませんね。

〈引用・参考文献〉
・環境省「地中熱利用システム」
　https://www.env.go.jp/water/jiban/pamph_gh/Gh_
　Pamph2019%28A4%29.pdf
・北海道教育委員会「北海道東部の窪みで残る大規模竪穴住居跡群」
　http://www.dokyoi.pref.hokkaido.lg.jp/hk/bnh/19world-heritage-
　tateana.htm
・地中熱利用促進協会
　http://www.geohpaj.org/

（稲井　雅大）

白色が猛暑対策の救世主になる ?!

> **どんな場面で使える？**
>
> 　夏場は涼しく，冬場は暖かく過ごしたいものです。衣服の色を工夫することで，太陽光のエネルギーを効果的に取り入れることが可能なことを考えさせる場面で使えます。

太陽の光って何？

　猛暑対策の話をする前に，まず光って何でしょうか？

　私たちが目にしている光は「可視光」と呼ばれます。つまり，目に見える光のことを指します。まぶしいと感じる太陽の光は，可視光です。逆に，目に見えない光もあります。それは，リモコンなどから出る赤外線やレントゲンでのエックス線などです。これらは，電磁波と呼ばれています。

　ここで「波」という言葉が出てきました。太陽の光もそうですが，「光」は「波」とも言えるのです。その太陽の光が当たると暖かくなるのはなぜでしょうか？　それは，太陽の光がエネルギーをもっていて，それを放っていて，それを私たちが受け取るからです。

色の違いで「光の吸収」はどのように違うの？

ところで，

「黒い衣服は，熱を吸収しやすい」

「白い衣服は，熱を吸収しにくい」

ということを聞いたことはありませんか？

これは，うそのように思えますが，実は，光の特徴を捉えた本当のことなのです。

物に光が当たると温度が上がるのは，光からのエネルギーを吸収し，結果的に温度が上がっているのです。赤色のものは，赤を反射して他の色を吸収します。青色だったら，青を反射して他の色の光のエネルギーを吸収します。黒の場合，ほとんどの色の光を反射せず，吸収してしまうため，光のエネルギーを多く吸収します。

実験をしてみると

色水で熱の吸収について実験してみるとわかりやすいですね。黒や青，赤，白色に着色した水を容器に入れ，棒温度計などでそれぞれの水の温度を確認します。そして，それらを太陽光が当たるように並べて，時間ごとの温度を測っていきます。

数時間後には，どうなっているでしょう？

そうです，一番温度の上昇率が高いのが黒色，一番低いのが，白色という結果となります。つまり，黒色の水は，白色の水よりも太陽光からの熱を取り入れてしまうということを証明したことになります。黒色は，太陽光の熱を吸

収しやすい一方で，白色は太陽光を反射し，熱の取り入れを防ぐことになります。

衣服の色を工夫して，暖かく，涼しく過ごそう！

　色によって太陽光の取り入れる量が異なるということになってくると，着用する衣服の色によって体感温度も違ってくるのは当然の結果ですね。色と熱は関係があるということですから，季節に応じて衣服の色をうまく選び，過ごしていくことで，例えば最近の酷暑への備えの一助にもなるのではないでしょうか。ぜひ，実践して快適で，安心な生活を送っていきたいものですね。

もう少し可視光と色の話をすると

　可視光は，人の目で見える波長の電磁波で，可視光線（visible light）とも呼ばれます。太陽から発せられる可視光線は，普通はいろいろな波長が混ざった状態のため白色に近い色に見えます。プリズムなどの光を波長によって分ける道具などを使ってみると，いくつかの色をもった光として確認することができます。

　波長の長いものから順に並べると，

　赤色　橙色　黄色　緑色　青色　藍色　紫色

となります。いわゆる７色です。虹が７色に見えるというのは，ここからきています。ただし，この分類は，日本の文化圏内で言われることで，他の国の文化では異なるようです。例えば，アメリカでは６色，ドイツでは５色といっ

たように。厳密に言えば，虹の色に明確な境界があるわけではありませんので，どれも正しいと言えば正しいことになりますね。

残念ばかりではない黒もの

　服の色の話に戻りましょう。白色の衣服の話はわかりましたが，黒色の衣服は，日差しの強いときにまったく役に立たないのでしょうか？

　そんなことはありません。日傘には，黒色も含め，色の濃いめのものが多いようです。白っぽいものでも内側に黒い幕が張ってあったりします。あるいは，夏場に黒っぽく袖の長い手袋を着けている人を見かけます。つまり，紫外線防止効果がある黒色を活用しているのです。紫外線は，可視光線よりも波の長さが短い電磁波で，日焼けの原因になります。英語ではよく UV（ultra-violet）と呼ばれます。それを防ぐ意味から「UV カット」という言葉も一般的になっています。黒色は，それに役立つのです。

　このようなことがわかると，救世主となる色もいろいろということになりますね。うまく使い分けていきましょう。

〈参考文献〉
・日本ガイシ「実験ライブラリー【放射】黒衣の吸収パワー」
　https://site.ngk.co.jp/lab/no111/index.html
・BIGLOBE ニュース「虹といえば７色！　じつは国によって見え方が違う？」
　https://news.biglobe.ne.jp/domestic/0716/wth_190716_8335760829.html

（田中　一磨）

影の動きは季節によって違う ?!

　季節を変えて太陽と影の位置を観察することで，共通点と差異点に気づく場面で使用できます。地球と天体の運動について，興味・関心を広げることができます。

日にちを変えて，何回も太陽と影の位置を調べよう

　時間ごとの，太陽と影の位置を調べるとき，右のように，棒を立てて太陽と棒の影の位置を調べるといった観察をよく行いますね。このような観察を1日行っただけでは，太陽と影の位置の変化についてわかったとはまだ言えません。

観察例

　観察日を変え，何回も観察を行ってこそ，「いつも太陽の位置は，東から南，西へと変わる」「時間が経つと，影の向きが変わるのは，やっぱり太陽の位置が変わるからだ」といったことがわかります。

　そこで，観察日を数か月おきにする，つまり季節を変えて行うのはいかがでしょうか？　例えば，春分の日，夏至

の日，秋分の日，冬至の日に観察を行い，太陽と影の位置の結果を比べてみましょう。すると，季節ごとに異なる太陽の位置の高さや影の動きに気づくことでしょう。

では，なぜ季節ごとで変わるのでしょう？

季節ごとに異なる影の動き

季節によって影の動きが違う理由は，1年を通して太陽の位置が変化するからです。春分の日，夏至の日，秋分の日，冬至の日の日本から見た太陽の動きを表したものが次の図です。

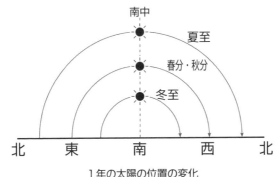

1年の太陽の位置の変化

太陽の動きは，春分・秋分の日では東から出て西へ沈みます。夏至の日は最も北側，冬至の日は最も南側から，太陽が出て沈みます。また，夏至の日が最も高度が高く，冬至の日が最も高度が低くなります。

次に，透明半球上に太陽の動きを表したものが次の図です。

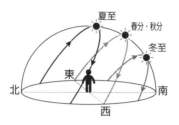

透明半球上に記した1年の太陽の位置の変化

　では，春分の日，夏至の日，秋分の日，冬至の日ではどのような影の動きをするのでしょうか？

　図1のように，太陽の位置を決めると，そのときの影の向きと長さが決まります。これを繰り返し，影の向きと長さを記録し続けて，夏至の日の影の動きを表しました（図2・3）。

図1　夏至の日の朝の太陽と
　　　影の位置

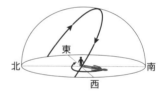

図2　夏至の日の影の動き

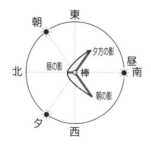

図3　棒の真上から見た影の動き（夏至の日）

図３からわかるように，夏至の日の影の特徴は，東西の線を横切って移動するところです。

春分の日，夏至の日，秋分の日，冬至の日の影の動きを表しました（図４）。春分・秋分の日の影の動きの特徴は，東西の線と平行な線になるところです。夏至の日は棒の近くに，冬至の日は棒の遠くに影ができます。また，夏至の日と冬至の日の影の動きは対称的です。

図４ 春分の日，夏至の日，秋分の日，冬至の日の影の動き

オリジナル日時計づくりに挑戦！

棒を立てて影の位置を数時間ごとに記録すると日時計ができますね。同じように春分の日，夏至の日，秋分の日，冬至の日にも記録したり，数か月ごとに記録したりすると，およその暦（何月か）もわかる日時計が完成します。

〈参考文献〉
・サイエンスラボ「太陽と日陰曲線・透明半球（１日・１年）」
　http://science-labo.com/index.php? 季節の太陽の動きと日影曲線 a
・中学受験理科の玉手箱「春分の日影曲線が直線なのは？」
　http://rika.g.dgdg.jp/rika/gakushuhouhou/gokakujizairyu/hikagekyokusen/
・京都市青少年科学センター「日影曲線」
　http://www.edu.city.kyoto.jp/science/online/nature/42/index.html

（岩本　哲也）

空気と水は閉じ込めてこそ
力を発揮する ?!

どんな場面で使える？

　身の回りにある，空気や水の性質を利用した道具などを探し，仕組みを考える場面で使用できます。学んだことと日常生活との関連を図ることができます。

閉じ込めた空気の性質を利用した道具はどれ？

　閉じ込めた空気を圧すと，体積は小さくなりますが，圧し返す力は大きくなります。逆に，閉じ込めた空気を引っ張ると，体積は大きくなりますが，元の体積に戻ろうとする力が大きくなります。

　一方，閉じ込めた水は圧したり，引いたりしても体積は変わりません。

　では，ここでクイズです。

　閉じ込めた空気や水の性質を利用した道具はどれでしょうか？

① チューブレスタイヤ

② ポンプつき容器

③ 電気ポット

④ オフィスチェア

正解は①②③です。

①は閉じ込めた空気，②③は閉じ込めた空気と水の性質を利用しています。

では，それぞれの道具の仕組みはどうなっていると思いますか？（ただし，メーカーによって，仕組みが異なる場合があります）

チューブレスタイヤ

自転車によく使われている，チューブで空気を閉じ込めているチューブタイヤとは違って，チューブレスタイヤはチューブがないので，空気が入っていないと思ったかもしれません。チューブレスタイヤには，文字通り，チューブはありません。

チューブレスタイヤの中に「インナーライナー」というゴムシートが貼りつけられているそうです（グッドイヤー）。このゴムシートがチューブの代わりをし，さらに空気漏れを防いでいるわけです。

つまり，チューブレスタイヤは，チューブタイヤ同様，閉じ込めた空気の性質を利用しています。タイヤ内に空気を閉じ込めることで，外側から凹凸の衝撃を受けても，空気が元の体積に戻ろうとするので，乗り物に乗っている人への衝撃が和らぎます。

皆さんが使っている自転車にもチューブレスタイヤが使われていないか，調べてみると面白いでしょう。

ポンプつき容器

　ポンプつき容器は，閉じ込めた空気と水の性質を利用した道具です。

　この容器内には，空気が閉じ込められています。閉じ込められた空気は，体積を変えることができますね。だから，ポンプを押すとピストンが下がります。ピストンが下がることで，空気が引っ張られ空気の体積が大きくなります。そして，ポンプから手を離すと，閉じ込めた空気は元の体積に戻ろうとするため，ポンプが上がるというわけです。

　では，なぜポンプを押すと，水が出てくるのでしょうか？

　容器内に水は閉じ込められています。閉じ込められた水の体積は変わらないため，ピストンが下がると水が上がり，ポンプから出てくるというわけです。

電気ポット

　電気ポットには，蓋の真ん中を押す空気圧式（エアー式）とスイッチ１つで湯が出る仕組みをもつ電動ポンプ式の２種類があります。

　空気圧式の電気ポットは，先ほどのポンプつき容器と同じような仕組みをしていて，閉じ込められた空気と水の性質を使った道具です。

オフィスチェア

　レバーを上げ下げすると「シュッ」と，自分の高さに合

わせることができる，この椅子の種類は，「ガス式」と
「油圧式」の２種類があります。

　オフィスチェアは，閉じ込めたガスや油の性質を利用し
た道具です。閉じ込めているものは違いますが，閉じ込め
た空気や水の性質を利用した道具とよく似た仕組みをして
います。

身の回りにある道具の仕組みを調べてみよう

　紹介した道具の他にも，霧吹きスプレーや水鉄砲などが
あります。実物を触り，よく観察することで，道具の仕組
みが見えてきます。身の回りの道具を分解して，仕組みを
調べることもよいでしょう。

　ただし，安全には十分に気をつけましょう。

〈参考文献〉
・グッドイヤー「チューブレスタイヤ」
　https://www.goodyear.co.jp/knowledge/tubeless.html
・いい寝研究所「らくらく上下する椅子は油圧式が安全？　その仕
　組みに迫る！」
　http://iine-kenkyujo.com/ink0001307-post/

（岩本　哲也）

空気の性質が
緩衝材にとても役立っている ?!

┌─ **どんな場面で使える？** ─────────────

　空気の性質の学習で，空気は圧し縮められるということ
を学ぶ場面で使用できます。その性質は，生活の中では衝
撃を和らげるということに大きく役立っています。

└─────────────────────────────

空気の性質を利用した緩衝材

　閉じ込められた空気と水を比較すると，空気は圧し縮め
ることができますが，水は圧し縮めることができません。
このような性質の違いがあります。

　緩衝材とは，外部からの衝撃を和らげるための資材です。
ガラスや精密機械，果物など，衝撃を受けると壊れたり，
傷んだりするものを運ぶときに使われています。

　空気の性質を利用した緩衝材を紹介します。

　まず，気泡緩衝材（エアーキャップ）が挙げられます。
緩衝材としては，代表的なものと言えるでしょう。プチプ
チと押しつぶして，感触や音を楽しんだ経験もあるのでは
ないでしょうか？

　これは物を包んだり，段ボールの隙間に入れたりして衝
撃から守る役割を果たしています。

　実は，段ボールも隙間をつくることによって空気で外部からの衝撃を和らげているとも言えるでしょう。隙間が波の構造となっています。見慣れたもので，ほとんど意識しないことも多いと思いますが，これも1つの工夫だと言えます。

　また，ビニール袋の中に空気が入ったエアークッションと呼ばれる緩衝材もあります。これも，段ボール箱の隙間を埋めて，内容物を保護する役目を果たしています。空気の性質をうまく利用したアイデアです。

素材や形にも工夫が見られる緩衝材

　物の形に合わせた緩衝材もあります。リンゴを守るための緩衝材は，リンゴの形に合わせた，丸い形をしています。また，一定の距離が保たれていることによって，互いにぶつかり合って傷むことがないようになっています。

　素材は，柔らかい紙を使っていることが多いです。卵のパックにも同じことが言えます。

　さらに果物や，ビンや食器をお店で買ったときに，傷んだり，割れたりすることを防ぐために，柔らかい素材で網のようになったものが使われていることを目にしないでしょうか？

　これも緩衝材としてよく使われています。自由に形を変えることができ，伸び縮みすることが利点です。軽いという点でもとても使いやすい緩衝材と言えるでしょう。

　また，同様の使い方をされるポリエチレンシートという，

薄いものもよく目にします。布のように物を包めるところが利点と言えるでしょう。

　それから，ウズラ卵型の小さな発泡材でつくられた緩衝材もあります。

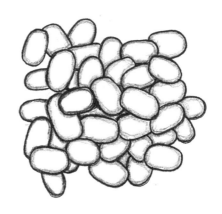

ウズラ卵型の小さな発泡材でつくられた緩衝材

　小さく荷物の隙間にも入り込んでいくため，保護能力も高いです。しかし，取り出すときにバラバラと散らかってしまう欠点もあり，それらが小袋に入れられたものもあります。最近では環境のことを考慮し，コーンスターチなどの天然素材を使って，つくられている緩衝材もあるようです。

ゴミを減らす工夫も！

　家電や精密機器は，これまでは，発泡ポリスチレンに四隅などを囲まれて，保護され梱包されていました。しかし，今では，発泡ポリスチレンではなく，リサイクル紙で形づ

くられていたり，段ボールを組み合わせてうまく保護したりしています。

　空気の性質だけでなく，素材や形に工夫を加えながら，緩衝材も時代に合わせて変化を見せています。

段ボールを組み合わせた保護

〈参考文献〉
・ダンボールワン「規格品（ダンボール・梱包資材）のご紹介」
　https://www.notosiki.co.jp/item/
・ロイモール「緩衝材の種類とその使い方とは」
　https://www3.roymall.jp/shop/e/ebuffer/

（田中　一磨）

皮の硬いトウモロコシじゃないと ポップコーンにならない？!

　水や空気は温めると体積が大きくなること，水は温める と水蒸気になることを学習する場面で使用できます。そん な現象がどんなところで起こっているのかを取り上げます。

水が水蒸気になると，体積は1,700倍に

　もう皆さんも学習してきたので，わかると思いますが， ヤカンで水を沸かす様子を思い出してみてください。

　そう，はじめは音もせず静かですが，途中からどんどん ボコボコ泡立って，注ぎ口から白い湯気が立ちだし，蓋ま でカタカタなり始めますね。これは，すべて水の粒，すな わち自由に動き回る水の分子が，熱によって変化する結果 なのです。

　水は99.9℃に達すると沸騰し，分子の集団はバラバラに なります。水分子は激しく動き，猛烈なスピードで空間を 飛び回ることになります。水は，水蒸気に姿を変えようと します。水が水蒸気になると，体積は1,700倍にもふくれ ます。

トウモロコシがふくらんで…ポップコーンに！

　ところで，ポップコーンって知っていますね。映画館などで，定番のおつまみになっているあれです。

　ポップコーンのもとは，トウモロコシってわかっているので，トウモロコシを買って帰って，熱すれば，ポンと弾けてポップコーンに…。なんて思ってトライしてもできません。

　なぜ？

　そうです。爆裂種という硬い皮を持つ種類でないとできないのです。

　熱を加えると，中の水分が膨らもうとしますが，硬い皮がそれを邪魔します。それでも熱し続けると，一気に破裂して，あのような形になるのです。

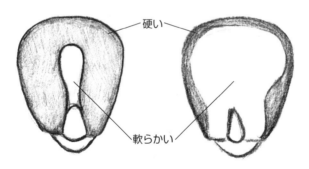

爆裂種（左）とスイートコーン（右）

　スーパーで売っているスイートコーンという種類では，皮が薄いので，中の水分が漏れてしまい，残念ながらポップコーンをつくることができません。

　最近では，様々な味がついて売られているポップコーン

が多く，フライパンで煎ってつくるという経験がなくなってきているので，一度みんなで経験してみるのもよいかもしれません。

　ポップコーンの原料豆は，スーパーや100円均一などで簡単に手に入ります。学習園などでトウモロコシを育てて，比べてみるのも面白いでしょう。

米がふくらんで…ポン菓子に！

　お米も加熱するとポップコーンと似たふくらみ方をします。お米がふくらむと「ポン菓子」になります。

　つくる手順はとてもシンプルです。

　ポン菓子機（穀類回転式圧力膨張機）にお米を入れて，スイッチを入れる（加圧）。10気圧ぐらいになったら，一気に減圧する。たったこれだけです。

　一気に減圧するときに爆発音が聞こえます。

　この爆発音から，「ポン菓子」という名前がついたそうです。

　家庭用の圧力鍋では，２気圧程度しか圧力をかけることができないため，専用の機械でないとできず難しいかもしれませんが，学習園などで育てたお米を，地域の米屋さんなどに頼んでポン菓子にして味わうのもいいですね。

　体積が米の10倍ほどに大きくなるので，収穫が少なくても大人数で楽しめます。

おもちもふくらむ

　おもちを中からふくらませるのも，おもちをつくるときに中に入った水です。

　熱を加えていくと，おもちの中に含まれている水分子が元気になってきて，少しずつ動きが活発になっていきます。そのまま続けて，さらに熱を加えていくと，やがては水蒸気に変化し，一挙に体積が増えていきます。

　外側の殻が割れて内側の柔らかい部分が風船のようにふくらむというわけです。

　ポップコーンやポン菓子をつくるときとは違って，外からの圧力は小さいので爆発したようなふくらみ方はしませんが，閉じ込められた水が水蒸気になってふくらもうとするという点では同じ原理です。

〈参考文献〉
・NIKKEI　STYLE「すぐできる自由研究　ポップコーン，はじけるしくみを観察」
　https://style.nikkei.com/article/DGXZZO44607450W2A800C1000000/
・チコちゃんに叱られる！「ポップコーンが膨らむのはなぜ？」
　https://xn--h9jua5ezakf0c3qner030b.com/6433.html
・豊田市で唯一のポン菓子工房「材料はお米とお砂糖だけの健康和菓子」
　http://pongashi.net/make.html
・野上俊二「おもちはなぜふくらむの？」左巻健男編著『理科がもっと面白くなる科学小話Q＆A100　小学校中学年編』明治図書，2002，pp.86-87

　　　　　　　　　　　　　　　　　　　　　　（坂田　絋子）

スケートリンクはお湯からつくる?!

スケートリンクの大きさは?

　アイスホッケーやフィギュアスケート，スピードスケートというように様々な競技で使用されるスケートリンク。その大きさは，例えば，フィギュアスケートの国際大会で使用される場合は30m×60mというのが規格になっています。氷の厚さは特に決まっていませんが，大体8〜10cmくらいの厚さとなっています。

　日本のスケートリンクは，世界的に見てもきめ細やかで性能がよくアスリートから人気があるそうです。ですが，その裏では職人さんによる気の遠くなるような作業によって支えられています。

　そんなスケートリンクの氷はどのようにしてつくられているのでしょうか?　なぜ競技中に割れたり溶けたりしないのでしょうか?　その秘密を考えていきましょう。

使用する水は特別な水？

　スケートリンクをつくるときには，水道水は使いません。水道水には塩素の他にも多くの不純物が含まれているため，氷の隙間に入り込んでしまい，氷がもろくなってしまうからです。

　もろい氷では，フィギュアスケート選手のジャンプや，スケート選手の走りに耐えられません。ですから，スケートリンクは水道水をろ過して不純物を取り除いた水でつくられます。不純物を取り除くことで丈夫な氷をつくることができるのです。

　また，そうすることで，透明度が高い氷にもなります。下に引いたラインやオリンピックのマークなどが綺麗に見えるのはそのためです。

　ただし，そのままでは，床や下に敷いてあるパイプまですべて見えてしまうため，途中で氷に白ペンキを塗って下まで見えないように工夫しています。

　最近では，純度が高すぎる水は割れやすい氷になってしまうことがわかってきました。そのため，耐久性を高めるために，あえて水を濁して純度を下げることもあるそうです（NHK SPORTS STORY）。

　このようにスケートリンクをつくるには，まずその材料となる水へのこだわりからスタートします。当然国や土地によって水の性質が違うため，現地に水の純度を計測する装置を持っていき，環境に合わせて氷づくりをしているそうです。

水ではなくてお湯からつくる？

　氷をつくる際には，上述した特別な水を50℃くらいまで温めて，霧状にしてリンクに撒きます。リンクの底にはマイナス10℃程度の不凍液がパイプに入って流れているので，そこで一気に冷やされて1回に0.3〜0.5mm程度の氷の層ができます。

　ここで，なぜ冷たい水でなく温かいお湯を撒くのか不思議に思いませんか？

　その理由は，その前に張った氷を溶かして，平らで滑らかな表面にするのと同時に，新しい氷をしっかりと接着させるためなのです。こうして30分から1時間に1回，1cmの厚さの氷をつくるのに20回以上繰り返すため1日がかりの作業になります。そして，8日かけてバームクーヘンのようにうすい層を何層も積み上げていき，8cmの厚さの氷をつくるのです。

　こうした気の遠くなるような作業によってつくることで，硬くて強度のある，きめ細やかなスケートリンクが完成するのです。

氷を使わないスケートリンク

　フィギュアスケートやスピードスケートなど，スケート人気の一方で，全国にあるスケートリンクは相次いで閉鎖に追い込まれています。

　その大きな要因は，年間4,000〜5,000万円かかると言われる氷整備や冷却装置の電気代といったリンクの莫大なメ

ンテナンス費用にあります。

　そこで近年は，氷を使わない樹脂製のスケートリンクが開発され，増えてきています。樹脂製のスケートリンクは，数年前から日本各地でも使われるようになってきました（例「富山の遊び場！」）。

　従来のリンクを稼働する際に必要な電力・燃料が一切かからないため，二酸化炭素排出量もゼロとなります（XTRAICE）。

　残念ながら，滑り心地は氷のリンクに比べるとまだまだ滑りにくいため，本格的な大会で使用するまでには至っていません。しかし，摩擦が大きくツルツルしないため初心者からしたら，転倒しにくいメリットもあります。

　今後はこうした技術がどんどん進化して，氷と変わらない滑り心地になっていくかもしれませんね。

〈参考文献〉
・NHK SPORTS STORY「リンクづくりに200時間⁉　フィギュアを支える氷のプロ」
　https://www3.nhk.or.jp/sports/story/1529/index.html
・富山の遊び場！「【エコリンク2020】今年も開催決定！気軽にスケートを楽しんできた」
　https://toyama-asbb.com/archives/14574
・株式会社富山市民プラザまちづくり事業部「エコリンク」
　http://www.mdtoyama.com/?tid=100019
・XTRAICE「樹脂製スケートリンクの革命」
　https://xtraice.com/jp/artificial-ice-rink/

（稲井　雅大）

電波塔はちょっとだけ動いている ?!

> ### どんな場面で使える？
>
> 空気や水に比べて金属の温度変化による体積変化は小さいですが，金属で物をつくるときには，温度変化の影響を考えなければならないことを考える場面で使用できます。

金属が動く？

金属は，私たちの身の回りにあふれていて，様々なところで役立っています。巨大な電波塔も鉄骨を組み合わせて設計してあり，見た目も美しく建設されています。様々な技術を駆使して建設されている塔でも，金属の膨張に注目すると隠された工夫があることがわかります。

金属の膨張は，日常生活で意識することはほとんどありませんが，温度変化が大きい場所で使われるものや，巨大な建設物もしくは小さな部品となると無視できないものになっていきます。四季のある日本で外気にさらされている建物は，温度上昇による膨張，温度降下による収縮の影響が少なからず出てきます。また，高さが高い建物は，地表付近と上空付近で温度が違うこともあります。

そのため，建物の構造設計をするときに「温度荷重」と

して，塔全体に標準温度の±30℃を設定し，構造安全性について確認をしています。温度荷重とは，部材が膨張や収縮したときに部材に歪みが発生し，その発生した歪みによって生まれる力のことを言います。様々な条件のもと，温度荷重を計算し，値が規定の値以下になることを確かめることで，それぞれの部材の安全性を確認しています。

　複雑な計算になるので，電波塔を単純な鉄の棒だとして，考えてみましょう。温度変化における膨張を考えたときに，熱膨張により部材の長さが変化します。その割合を「熱膨張係数」で表すことができます。熱膨張係数とは1mあたり1℃温度上昇すると a μ m伸びる係数を言います。鉄の熱膨張係数 a は11.7です。これは1℃温度が上昇すると1mあたり11.7 μ m（＝0.0117mm）伸びることになります。電波塔を600mの鉄の棒であると考えて，温度が30℃変化するとします。

　すると，長さ変化を求める計算式は，

　高さ（m）×熱膨張係数×温度上昇（℃）

で求められ，

　$600 \times 11.7 \times 30 = 210600$ （μ m） ≒21 （cm）

となり，単純計算で約20cmも長さが変化することになってしまいます。実際には，様々な技術を駆使してその影響が少なく安全に保たれるようになっていて，先ほどのような単純な計算では求められません。これだけ大きな建設物になれば，熱膨張以外に風や地震による影響も大きく，建設するにあたり数多くの工夫や技術が詰まっているのです。

曲がらないレールの工夫

鉄でつくられている鉄道のレールも，熱膨張による影響を考えて，工夫がされています。レールも温度上昇で膨張して長さが伸びる現象があります。

もし，つながれたレールの端同士がぴったりとくっついていたら，暑い時期に膨張したレールが，互いに押し合って歪んでしまうおそれがあります。

例えば，レールの長さを25mとして，温度上昇を30℃としましょう。

長さの変化を求めると，

$25 \times 11.7 \times 30 = 8775$（$\mu$m）$\fallingdotseq 0.8$（cm）

となり，0.8cm伸びることになります。

この伸びでレールが押し合って歪むことのないように，レール同士の継ぎ目をわずかに空けて，伸びたら隙間を埋めることで歪まないようにしていたのです。この隙間によって，電車が通るときに「ガタン，ゴトン」という音が聞こえるのです。

しかし，最近では，「ロングレール」と呼ばれるレールをつなげ合わせたものが使われるようになってきました。通常のレール（20mや25m）に比べ，とても長い200m以上のものを指して，そう呼ばれています。新幹線では，1,500mが基本として使用されているようです。

長いレールになればなるほど，継ぎ目の数が減り，乗り心地がよくなり，継ぎ目で出る音がなくなるので周辺地域への騒音や振動が軽減されるのです。さらに，ロングレー

ル同士の継ぎ目も，互いに斜めに継いでいるような形状で，温度上昇によりレールが伸びた場合でも，互いのレールは常に接触し続けて隙間ができません。そのため，従来の継ぎ目よりも音が出にくくなっています。

焼きばめ

　金属同士を接合するときに，温度変化による膨張，収縮を利用する方法があります。

　「焼きばめ」は，２つの金属の一方を加熱することで内径側の部品の穴を広くして膨張させ，その膨張した穴に他方を挿入して常温に戻します。加熱した部分が冷却され，常温に戻ると，穴の周りは元のサイズに縮むことで接合されます。接着剤とは違い，部材同士が摩擦により接合しているので，部材以外のものが入らず接合でき，強い摩擦力により強力な接合になります。

　同じような現象で冷やすことで接合する「冷やしばめ」もあります。

〈参考文献〉
・設計者のための設計手帳⑩「熱膨張と寸法変化の基礎概要」
　http://sekkei.if.land.to/item_netsu.html
・ほぼ日刊イトイ新聞「あすから役立つ東京スカイツリーうんちく50」
　https://www.1101.com/skytree/2011-06-28.html
・マイナビニュース連載「鉄道トリビア　電車の『ガタンゴトン，ガタンゴトン』という音が消えた？」
　https://news.mynavi.jp/article/trivia-8/

（古池　秀行）

コンセントの２つ穴には理由がある ?!

どんな場面で使える？

　普段使う電化製品は，電源装置でなくコンセントから電気をもらうものがほとんどです。学習したことから，身近な生活へと視野を広げて考える場面で使用できます。

電流は２種類ある

　電流には，直流と交流の２つの電流があります。

　電流の流れる方向と電圧が一定の電流のことを「直流」と言います。乾電池は，電圧の大きさとプラス極・マイナス極が決まっていて，同じ方向へ電流が流れるので直流です。

　電流の流れる方向と電圧が周期的に変化する電流のことを「交流」と言います。一般家庭の電源となるコンセントなどは，電圧の大きさとプラス極・マイナス極が一定の周期で変わるので交流です。電圧の大きさと流れる方向が周期的に変わるということは，見た目にはわかりませんが，交流を流した電球は，電圧が変化しているので明るくなったり暗くなったりしているのです。また，電流の流れる方向が変わる瞬間，電球は消えています。

2つ穴の役割は

　普段は意識していませんが，コンセントから取り出す電気は，1秒間に50〜60回の速さでプラス極とマイナス極が入れ替わっています（交流）。つまり，コンセントにもプラス極とマイナス極があるのです。

　左右2つの穴をよく観察してみましょう。

　そうです。わずかですが，2つの穴の長さが違うのです。測ってみれば2㎜ほどの差があります。実は，右側にある少し短い穴は「ホット」と呼ばれ，電気を送り出す役目をしています。

　そして，左側にある少し長い穴は「コールド」と呼ばれ，使われた電気が戻ってくるところです。電気を大地に流す役割を果たしています。

3つ目の穴がある？

　コンセントを差し込む穴の下に3つ目の穴があるのを見たことはありませんか？　近年さらに普及し始めたものです。

　3つ目は，何のためにあるのでしょうか？

　3つ目の穴は，電磁波を生む原因となる電場を抑えるためにできたものだ

3つ目の穴

そうです（ネット情報「生活110番」）。私たちの日常生活で頭痛やめまいが時々起こりますが，この電磁波が影響し

ていることもあるようですね。

　もちろん，感電を避けたり，ノイズ発生を抑えたりすることにも役立っています。

　この3つ穴コンセントは「接地（アース）極つきコンセント」と呼ばれています。最近では，一部の家電製品に義務づけられました。特に接地極つきコンセントは水による漏電を回避する効果があることから，水気が多い場所にある冷蔵庫，洗濯機，電子レンジなどの電化製品に規定されています。

海外のコンセントとプラグ

　外国は，電圧やコンセントの形が，日本と違っていることが多く，そのために変圧器を用意したり，変換用の差込プラグを買ったりしなくてはなりません。

　コンセントの種類は，下の表のようになります。

世界のコンセントの主な種類

タイプ	A	B	B3	BF	C	SE	O	O2
形								
主な使用国・地域	日本，アメリカ，カナダ，ハワイなど	イギリス，香港，シンガポールなど			ヨーロッパ各国，韓国など		オーストラリア，ニュージーランドなど	

※ TESCOM 及び Travelers Cafe World Gallery を参考に筆者作成

　私たちが日本で普段使っているプラグの種類は，Ａタイプと言われている形状のものです。他にもＢ，Ｃ，Ｏ，Ｂ３，ＢＦ，ＳＥとタイプが分かれています。国によって形状が違うことには大きな理由はないようですが，統一されると便利ですね。

　日本の家庭に供給されている電圧は世界に目を向けても稀な100Ｖです。例えば，台湾・アメリカ・メキシコなどでは110〜127Ｖ，ヨーロッパやアジア諸国の多くの国では220〜240Ｖです。こちらも統一されると便利になるでしょうね。

〈参考文献〉
・Re: ミックスジュース「海外の電圧とプラグに何故こうも違いがあるのか」
　https://remixedjuice.com/voltage-plug/
・生活110番「コンセントの穴は左右で役割が違う！その理由と正しく挿す利点とは？」「コンセントの３ピンってなに？家族を守る意外な役割を説明します！」
　https://www.seikatsu110.jp/electrical/et_outlet/133475/
　https://www.seikatsu110.jp/electrical/et_outlet/122267/
・All About「コンセントのホットとコールド？２つの穴には正しい向きがある！」
　https://allabout.co.jp/gm/gc/51186/
・TESCOM「世界の電圧とプラグの形」
　https://www.tescom-japan.co.jp/journal/265
・Travelers Cafe World Gallery「海外のコンセント・電源一覧表」
　http://www.travelerscafe.jpn.org/electricity.html

（坂田　紘子）

マラソンでたとえると
充電池は安定した走者 ?!

> ### どんな場面で使える？
>
> 　乾電池を使って，直列つなぎや並列つなぎ，回路について学ぶ場面で使用できます。そこで乾電池と充電池の電圧の違いに迫ります。

そもそも電圧（V：ボルト）って何？

　電圧とは，例えば乾電池なら，乾電池から電気を流そうとする力のことを言います。その結果，流れた電気の量のことを電流と言います。例えば，豆電球をつないだ回路をつくり，明かりをつけます。回路を流れている電気の流れが電流ということになります。

同じ大きさ・形でも，出力電圧が異なるのはなぜ？

　乾電池と充電池，同じ電池でも，出力電圧が異なります。不思議なことです。いったい，どうしてなのでしょうか？そこを考えてみたいと思います。

　乾電池の電圧は1.5Vですが，充電池の電圧は1.2Vです。

　充電池の電圧が，乾電池に比べて低いですが，乾電池が使用できるほとんどの機器で使用できるのです。そこには，

乾電池と充電池の大きな違いがあるからです。乾電池の場合は機器を作動させている間に，電圧は徐々に下がっていきます。充電池の場合は機器を作動させている間に，電圧は1.2Vあたりで一定に保ちます。つまり，徐々に下降線を描いていくのが「乾電池」です。一定に保てるのが「充電池」ということになります。

　マラソンにたとえると，乾電池は，徐々にペースダウンしていきますが，充電池は，一定のペースで走り抜けることができていることになります。

電池の大きさも様々！

　乾電池と言っても，様々な大きさがあります。大きい順に，単1型，単2型，単3型，単4型，単5型となります。電圧は，乾電池なのですべて1.5Vです。しかし，大きさと関係して使える時間が異なってきます。また，使う用途も関係します。

　例えば，テレビのリモコンでは，単4型が主流です。逆に大型の懐中電灯などでは，単1型が主流です。このように，機器の大きさに応じて使われる乾電池の大きさも違ってくることになります。

電池の形も様々！

　電池と言っても，様々な形があります。四角な形の「9V電池」です。

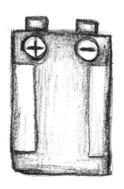

９Ｖの乾電池

　最近では需要はほとんどありませんが，昔，トランジスタラジオなどで使われていました。小さな箱の中に９Ｖもの電圧があることは，実はすごいことです。乾電池の６本分となります。

電池の中身も様々！

　これまでの乾電池や蓄電池の構造は，中身の電解質が液体であり，電解質の蒸発や分解，液漏れなどの問題も多々起こることがありました。電解質の改善は，積年の問題でもありましたが，最近では，液漏れの心配のない電池が開発されました。「全固体電池」です。

　電解質を液体から固体にしたおかげで，液漏れなどを気にせず，薄い板状にしたり，曲げたりなど，いろいろな形の電池を可能にしました。また，蓄電も大容量になるばかりか，素早く充電もできるようになり，とても活用範囲が増えてきました。

電池の開発により，ノーベル賞受賞！

　これまで，乾電池と充電池のお話をしてきました。乾電池とは「一次電池」と呼ばれています。つまり，１回きりで充電ができない電池のことを言います。それに対し，充電池は「二次電池」と呼ばれています。つまり充電が可能な電池のことを言います。

　「リチウムイオン二次電池（リチウムイオン電池）」の開発で，日本の研究者がノーベル化学賞を受賞しました。その開発によりスマートフォンや電気自動車をはじめとした，次世代の産業に大きく貢献しています。

電池で未来を変える？

　電池は私たちの生活に密接に関係しています。電池を使っていない生活はあり得ないといっても過言ではありません。地球の環境問題も含め，クリーンなエネルギーとして，電池ともうまくつき合っていきたいものです。

〈参考文献〉
・やさしい電気回路「電圧と電流の違いは何？」
　https://hegtel.com/denatsu-denryu.html
・ＮＨＫ「ノーベル賞って，なんでえらいの?? 化学賞」
　https://www3.nhk.or.jp/news/special/nobelprize2019/chemical/
・ビジネス＋ＩＴ「『全固体電池』をやさしく解説，従来の電池との違いや実用化の見通しは？」
　https://www.sbbit.jp/article/cont1/37046

（田中　一磨）

LED を並列でつなぐと
明るさがバラバラに?!

どんな場面で使える?

　豆電球を「直列つなぎ」「並列つなぎ」にすると豆電球
の明るさに違いはあるのでしょうか?　それを調べるよう
な場面で使えます。

「直列つなぎ」「並列つなぎ」とは?

　2つ以上の乾電池や豆電球，モーターなどを，一つなぎ
にした回路を「直列（series）つなぎ」もしくは「直列回
路（series circuit)」と言います。

　それに対して，2つ以上の乾電池や豆電球，モーターな
どを，枝分かれがあるようにつないだ回路を「並列
（parallel）つなぎ」もしくは「並列回路（parallel
circuit)」と呼びます。

豆電球やモーターの「直列つなぎ」

　豆電球を2個以上直列につないで，それぞれの明るさを
比べてみましょう。豆電球の直列つなぎでは，どの部分で
も電流の大きさは同じであるため，豆電球の明るさもすべ
て同じになります。また，豆電球が1個のときと比べて，

2個以上直列につなぐと豆電球1個の明るさは，暗くなります。

　では，モーターにプロペラをつけて，モーターを直列つなぎにしてみるとどうなると思いますか？

　すべて，同じ速度でプロペラが回ります。そして，モーターが1個のときと比べて，プロペラの回る速度は遅くなります。

　豆電球を直列つなぎにして，豆電球を1個だけ外すと残りの豆電球はどうなるのでしょうか？

　回路が切れてしまい，電流が流れなくなるため，豆電球の明かりすべてが消えてしまいます。同様のことがモーターでも言えます。

　ちなみに，乾電池1個と2つ以上の豆電球，もしくはモーターを直列つなぎにすると，豆電球1個のときと比べて，乾電池のもちはよくなります。

豆電球やモーターの「並列つなぎ」

　豆電球を2個以上並列につなぐと明るさはどうなるでしょうか？

　すべての豆電球の明るさは同じですが，直列つなぎのときとは違い，豆電球を1個つないだときの明るさになります。

　しかし，豆電球を増やすと乾電池は早くなくなります。モーターを並列につないでも，豆電球のときと同じようなことが言えます。

LED を「並列つなぎ」にすると…

　LED を並列につなぐと，LED の明るさはどうなると思いますか？

　豆電球のときと同じように，すべての LED の明るさは1個つないだときの明るさと同じになると思うかもしれませんが，実際には違うことがよくあります。

　これは，LED の特性（特別に備わっている性質）にばらつきがあるためです。つくられた時期や，組み合わせる順番などの微妙な違いにより，LED 1個ずつの性質がほんのわずかですが異なってきます。

　LED 同士を並列つなぎで使う場合は，完璧に特性がそろっていない限り，必ず明るさがばらつきます。直列つなぎの LED は，すべてに同じ大きさの電流が流れるので，並列つなぎに比べて LED の光のばらつきが少なくなります。

実験の際の注意点

　ショート回路にならないように，十分に気をつけましょう。豆電球やモーターなどには品質・大きさ・形状などについて定められた規格があります。例えば，豆電球には，1.5V用，2.5V用，3.8V用，6.3V用などの規格があり，口金部分の表示で確かめられます。

　異なる規格を組み合わせて電流を流すと，豆電球の明かりがつかなくなったり，モーターが動かなくなったりしてしまう危険があるので，気をつけましょう。

○○に使える△△をつくろう

　自分で目的を設定し，その目的を達成するためにものづくりをしてみましょう。

　乾電池や豆電球，モーターの直列つなぎ・並列つなぎの特徴を生かすことで，目的を達成することができるかもしれません。

　例えば，真っ暗な中を明るく照らしたいと思い，懐中電灯をつくることにしたとしましょう。皆さんは，どのような回路を考えますか？

　乾電池を直列につないだり，豆電球を並列につないだりすることが考えられますね。

　他にも，夜中トイレに行くときに便利なので，まぶしくない灯りをずっとつけて寝たいと思い，照明をつくることにしたとしましょう。どのような回路を考えますか？

　乾電池を並列につないだり，豆電球を直列につないだりするのはいかがでしょう？

〈参考文献〉
・エレラボドットコム　電子工作の知恵袋「LED の基本　その７　並列接続」
　https://www.ele-lab.com/led_iroha7.html

（岩本　哲也）

人の手足の動きは漢字で全部書ける ?!

どんな場面で使える？

　人の動きを漢字で表現すると，体の一部分または全体を使っていることがよくわかります。特に手足の複雑な動きもわかりやすく，説明するときに使うこともできます。

手の動きにかかわる漢字（1）

　いきなりクイズです。手の動きを示す言葉を集めました。漢字を読んでみましょう。

　　持つ　（　　　　　）　　振る　（　　　　　　）

　　握る　（　　　　　）　　摑む　（　　　　　　）

　　揉む　（　　　　　）　　捻る　（　　　　　）

　　ヒント：ふ，にぎ，つか，こす，も，ひね（ねじ）

　どの漢字も「手へん」でしたね。

　「持つ」は，物の重量を手で支えている状態を意味します。

　「振る」は，「手（腕）を振る」などのように，身体の一部や物の一端を持ったり固定したりして上下，左右，ある

いは前後に何度も往復させるように動かすことです。

「握る」「摑む」はよく似ていますが、一般的に鉛筆のような棒状のものは「握る」を使います。手より大きな風船の場合は「摑む」というように、手の中に納まっているものかどうかによって使い分けているようです。また「テニスラケットを握る」と言いますが「摑む」は使わないなど、圧力（力の入れ具合など）を感じる場合も異なる使い方になります。したがって、「握る」は、手の指を強く内側に曲げて固める、物を掌の中にしっかり保持する、の意味になるようです。

指の関与する数が少なくなると、「握る」から「摑む」にもなるようです。2、3本の指使いならば「摘む」、あるいは2指限定であれば「挟む」といった表現にもなってきますね。面白い変化です。

「揉む」は、両手の掌で物を挟み、擦ること。「柔」は「やわら」と読み、物の柔らかい様子を表します。

「捻る、捻る」は、指先でつまんで、回転させる動作を指します。ガス栓や水道の蛇口など簡単に回転するようにつくられたものに加える動作には「捻る」が用いられます。「捻る」は、一方向ではなく両端から回したり、力強く回したりした場合に使われます。

したがって「捻る」でなく「手首を捻って痛い」というは、通常の動作では曲げない方向に回してしまったときの表現となり、痛いのは当然でしょう。

手の動きにかかわる漢字（2）

どんな漢字を書くのでしょうか？　アクションしながら，
考えてみましょう。

なげる　（　　　　　）　　つねる　（　　　　　）

なでる　（　　　　　）　　こする　（　　　　　）

すくう　（　　　　　）　　まく　　（　　　　　）

ヒント：撒，抓，擦，投，掬，捲，撫

「投げる」は，文字通り「手へん」に「木を持つ象形」
が加わってできた文字です。多くの場合，腕と手，肩が主
に連動します。

「抓る」は，爪や指先で皮膚を強くはさんでひねるとい
う意味です。そのことから漢字では「爪」が手へんにくっ
ついているところも納得できますね。

「撫でる」「擦る」は，力の入れ具合が関係してきます。
「撫でる」は，指や掌などを表面に軽く当てて，ゆっくり
動かすことを表し，「擦る」は，表面に強く押し当てて動
かす動作を示します。その中間に「さする」があります。

「掬う」は，掌やさじなどで，液体の表面に浮いている
ものやその中にあるものを下から受けるようにして取り出
す動きを指します。

「撒く」は，「散」の漢字のように広い範囲に物を散らか
す動作を表します。似た漢字で「播く」もありますね。

「捲く」は，「巻」とほぼ同義で物にひも状，帯状の物を回

らせたり，絡ませたりする意味となります。

足などにかかわる表現とその動き

　次の漢字の意味を体現してみましょう。

　1　踏　　2　蹴　　3　跳

　ここに挙げた漢字は，当然「足」がポイントです。

　「踏む」は，物の上に足を置いて，体重をかけること。「蹴る」は，足で勢いよく突くことを示します。足で地面などを強く押すときにも用います。「跳ぶ」は，足で地面を蹴って身体を空中に浮かすことを表しています。

　「兆」は「占いのときに亀の甲羅に表れる割れ目」＝「はじけ割れる」という意味です。

さらに深めるとしたら

　手足だけでなく，他の体の動きもじっくり観察して，漢字で表してみましょう。

〈参考文献〉
・漢字／漢和／語源辞典
　https://okjiten.jp/kanji2862.html
・漢字辞典「扌（てへん）」「𧾷（あしへん）」
　https://kanjitisiki.com/busyu/3kaku/43.html
　https://kanjitisiki.com/busyu/7kaku/16.html

（溝邊　和成）

動物によって優れている動きが違う ?!

> **どんな場面で使える？**
>
> 　動物は見た目も動きも様々です。得意なことも違うので
> すが，実は骨格に秘密があることもあります。動物の不思
> 議な構造についての知識を増やすために使えます。

人とウマの脚の違い

　動物は様々な場所で暮らしており，捕食する生物や生活
の仕方も多様です。それぞれが生き抜くために必要な部分
を進化させてきました。哺乳類では，骨の数だけで考える
とほぼ200個であり，構造にも大きな違いはありません。
しかし，長さや大きさ，骨同士の接続に違いがあり，適し
た運動に違いが出てきます。骨格を見るとそれぞれの生物
の進化を見ることができます。

　人とウマは同じ哺乳類ですが，見た目も運動能力も大き
く違います。人とウマが競走したら，きっとウマが勝つこ
とでしょう。それはどうしてでしょう？

　答えは，ウマは速く走るために骨格を進化させてきたか
らです。人の足を見ると，歩くときには膝が前に曲がって
います。ウマは，人とは違って後ろ足の真ん中あたりが後

ろに曲がっています。人とウマの足を比べると，曲がり方
が正反対ですよね。このことが人よりも速く走ることがで
きるウマの秘密なのです。人とウマは同じ曲がる関節を持
っているのですが，ウマの足の真ん中あたりの関節は，人
の膝の部分ではなく，足首に当たるのです。つまりウマは，
常につま先立ちで走っているのです。だから速いのです。

　つま先立ちをしている動物は，他にもイヌやネコ，ライ
オンなどがありますが，ウマはさらに，地面についている
部分が足の指１本だけなのです。哺乳類の足の指は基本的
に５本ですが，ウマは中指だけを残して他の指は退化して
います。草食動物であるウマが速く走る目的で進化してき
た結果，１本の指を太く頑丈にしたのです。

自在に動くためのネコの骨

　人と同じ哺乳類であるネコの尻尾は，バランスをとった
り，感情を表したりすることが大きな特徴です。その尻尾
を支えているのは，尾椎という骨です。人にも尾椎はあり
ますが，人には尻尾がないので，退化しています。人の尾
椎は３〜５個あると言われていますが，実際は癒合して１
つの骨になっています。ネコは種類によって異なりますが，
最大で24本の尾椎を持っています。この尾椎と周りの筋肉
により尻尾をしなやかに動かすことができ，ネコの生活に
役立っているのです。

　また，ネコは鎖骨が他の骨と連結していない構造により，
狭いところを通り抜けることができます。ネコは前足の動

きがほぼ前後だけで済むので，鎖骨が退化して小さくなり，肩甲骨や胸骨と連結していません。そのために，肩幅を狭めることができます。この構造のため，大きな骨である頭蓋骨がある頭さえ通ることができれば，体も通過することができます。これは，人にはできないことです。

さらに，ネコの腰椎は人間よりも2本多いために，高い場所から突然落ちたときにも，体を素早くねじって器用に足から着地することができます。このように，ネコは自在に体を動かすことができるように進化していきました。

見えないところはないフクロウ

ここからは，鳥類の話です。人は周りの景色を見るときに，自然と目を動かして周りを見ています。人の視野幅は約170°で，目の動きだけでは追えなくなったときに首を動かして周りを見ます。鳥類は一般的に，目をあまり動かすことができません。特に，フクロウの目は固定されていて動かすことができません。鳥類の多くは，頭の両側左右に目をつけていることで視野を広げています。

しかし，フクロウは頭の前方に目がついており，両目の視野幅は約70°あるので，対象物を立体的に見て，距離を測りやすい目の構造です。しかし，その分全体の視野は狭くなってしまい，全体の視野幅は約110°です。広い範囲を見るためには首を多く回す必要があります。

フクロウの首は，左右それぞれ270°回るとも言われています。その秘密は首の骨の頸椎の数です。ほとんどの哺乳

類は頸椎が7個なのに対し，フクロウの仲間は14個なのです。鳥類は一般的には哺乳類より頸椎が多く，首を大きく回すことができます。フクロウは首の動きだけで，360°すべての方向見ることができます。自然界で，周りがすぐに見渡せるというのは，とても役立つことです。

動物が得意なこともそれぞれ

このように，動物によって優れた動きは違ってきます。骨格に注目してきましたが，骨格以外にも動物は環境に合わせて，筋肉や体の構造を進化させてきました。動物は，生活している環境に合わせてたくましく生きています。

人は，ウマのように速く走れず，ネコのように身軽に動き回ったり，フクロウのように首だけを回して360°景色を見たりすることはできません。しかし，繊細な動きができる手や指を使って，字を書いたり，道具をつくったりすることができます。人は自分の考えを表現する方法をたくさんもっています。私たちも，自分がもっている力を存分に発揮して，生活できると素敵な毎日が送れそうですね。

〈参考文献〉
・朝日新聞「ののちゃんのDO科学　フクロウの首はなぜ一回転できる？」
　http://www.asahi.com/edu/nie/tamate/kiji/TKY200707090333.html
・子猫のへや「ようこそ子猫のへやへ！」
　https://www.konekono-heya.com/index.html
・雑学カンパニー
　https://zatsugaku-company.com/

（古池　秀行）

北から南へ移る季節観測がある ?!

> ### どんな場面で使える？
>
> 　身近な植物や動物の様子を観察するきっかけとなり，気候や種の違いについて気づかせる場面で使用できます。

季節観測「花情報」

　日本は，花が咲き，鳥が鳴き，虫が動き，それは，四季折々に変化があります。私たちの生活に潤いを与えてくれます。例えば，駅の掲示板に，沿線の開花情報が貼られ，少しずつ花が咲いたらスタンプなどが増えていくのを見たことがあるでしょう。緑地の管理者による「○○緑地の花情報」などそのホームページに掲載されています。その時々の見ごろの花がわかります。新聞には，花だよりや○○の名所，スキー場の積雪情報なども掲載されますね。

　では，桜を例にとって見ていきましょう。

　お花見はいつが適当か，また，大阪では有名な造幣局の通り抜けはいつになるだろうか，などと楽しみにすることがあります。その判断をするための情報にどんなものがあるでしょうか？

花情報と言われるものを挙げてみます。

・桜の開花予想日　　　　　・桜の開花日

・桜の開花状況　　　　　　・桜の満開日

・桜の満開状況　　　　　　・桜の開花情報

などがあります。

この中で，気象庁は，

・桜の開花日　　　　　　　・桜の開花状況

・桜の満開日　　　　　　　・桜の満開状況

を扱っています。

日本気象協会が，

・桜の開花予想日　　　　　・桜の開花情報

・桜の満開情報

を扱っています。

その他にも，ウェザーマップによる桜の開花予想などがあります。

植物による季節観測

さて，気象庁では，全国の気象官署（○○管区気象台と言われるところなど）で，統一した基準により，植物季節観測が行われ，情報が発信されます。植物季節観測の多くは，観察する対象の木（標本木）が定められています。

桜の開花日は，標本木で5〜6輪以上の花が開いた状態となった最初の日だそうです。桜といっても主に「そめいよしの」ですが，生育しない地域では，「ひかんざくら」と「えぞやまざくら」を観測しているそうです。奄美・沖

縄地方では，開花が1月中旬から始まり，九州地方では3月下旬，北海道地方では5月中旬になります。南北に細長い日本列島では，約4か月も違っているのです。また，30年間の平年値が同じ場所を結んで，開花日の等期日線図が描かれます。単に南北だけではなく，山間部は遅くなるなど，その地域の気候にも影響されます。

　その他に，「うめ」の開花日は，沖縄地方が1月中旬，北海道地方が5月下旬の4カ月半の違い，「あじさい」の開花日は，沖縄・奄美地方が5月終わり，北海道地方が7月中旬と2か月半の違いとなっています。花の種類，そのときの気候による違いがかかわっていますね。

北から南へ移る季節観測

　寒い地域から暖かい地域に変わっていくことはないのでしょうか？

　「いちょうの黄葉日」

　「かえでの紅葉日」

　「いちょうの落葉日」

　「かえでの落葉日」

があります。

　「等期日線図」は，花の開花日よりもっと複雑に曲線で結ばれています。「いちょうの黄葉日」は，10月下旬に北海道地方などで，九州地方南部では12月初めになります。あっという間に，日本中のいちょうが黄色くなっていくのですね。

動物による季節観測

　植物季節観測のように動物季節観測はあるのでしょうか？

　「もんしろちょうの初見日」

　「つばめの初見日」

　「うぐいすの初鳴日」

　「あぶらぜみの初鳴日」

などがあります。例えば，つばめは，３月上旬から九州南部で見られ，４月下旬に北海道で見られます。「あきあかねの初見日」や「えんまこおろぎの初鳴日」は，ほぼ北から南に移っていきます。

　今紹介した植物・動物以外にも，生物季節観測値として，気象庁のホームページには，さるすべり・てっぽうゆりなど40種以上の植物，とのさまがえる・しおからとんぼなど20種以上の動物が掲載されています。皆さんも，学校の校庭，また家の近所で，花や動物を決めて開花日や初見日を毎年観察してみてはどうでしょうか？　身近な四季を感じる１つの手立てとなることでしょう。季節の遅れ進みや気候の変化を把握し，生活情報とすることもできますね。

〈参考文献〉
・気象庁「生物季節観測の情報」
　https://www.data.jma.go.jp/sakura/data/index.html
・日本気象協会「桜開花・満開情報」
　https://tenki.jp/sakura/
・ウェザーマップ「さくら開花予想」
　https://sakura.weathermap.jp/

（松田　雅代）

動物や植物の暮らしの変化が
暦になっている?!

どんな場面で使える?

　国語科で短歌や俳句を学習したり，音楽科で季節に関係する歌を歌ったりする際，生物がよく登場します。季節と生物をさらに関係づけるチャンスです。

二十四節気と七十二侯

　季節を表す言葉と言えば，春夏秋冬を思い浮かべるでしょう。しかし，それだけではありません。日本の自然を表す言葉はとてもたくさんあります。

　春夏秋冬をさらに6つに分けた24の期間を「二十四節気」と言います。二十四節季は半月ごとの季節の変化を示し，変化を知らせるのが「七十二候」です。

　二十四節気と七十二侯は大昔の中国でつくられました。大昔のものがそのまま使われているのが二十四節気で，七十二侯の呼び方は日本の気候風土に合うように何度か変わっています。七十二侯の呼び方のうち，動物の変化を表す言葉は24個，植物の変化を表す言葉は28個あり，特に3月から7月の間は，ほとんど生物の変化を表す言葉です。

　その中から代表的なものをいくつか紹介します。

［立春］	２月９日頃	黄鶯睍睆（うぐいすなく）：鶯が山里で鳴き始める頃
［雨水］	３月１日頃	草木萌動（そうもくめばえいずる）：草木が芽吹き始める頃
［啓蟄］	３月11日頃	桃始笑（ももはじめてさく）：桃の花が咲き始める頃
［春分］	３月21日頃	雀始巣（すずめはじめてすくう）：雀が巣をつくり始める頃
［清明］	４月５日頃	玄鳥至（つばめきたる）：南から燕が来る頃
［穀雨］	４月30日頃	牡丹華（ぼたんはなさく）：牡丹の花が咲く頃
［立夏］	５月５日頃	鼃始鳴（かわずはじめてなく）：蛙が鳴き始める頃
［小満］	５月26日頃	紅花栄（べにばなさかう）：紅花が盛んに咲く頃
［芒種］	６月６日頃	螳螂生（かまきりしょうず）：螳螂が生まれ出る頃
［夏至］	６月27日頃	菖蒲華（あやめはなさく）：あやめの花が咲く頃
［小暑］	７月12日頃	蓮始開（はすはじめてひらく）：蓮が開花する頃
［大暑］	７月23日頃	桐始結花（きりはじめてはなをむすぶ）：桐が開花する頃
［立秋］	８月13日頃	寒蟬鳴（ひぐらしなく）：蜩が鳴き始める頃
［処暑］	９月２日頃	禾乃登（こくものすなわちみのる）：稲が実る頃
［白露］	９月18日頃	玄鳥去（つばめさる）：南へ燕が帰って行く頃
［秋分］	９月28日頃	蟄虫坏戸（むしかくれてとをふさぐ）：虫が隠れてしまう頃
［寒露］	10月13日頃	菊花開（きくのはなひらく）：菊の花が咲く頃
［霜降］	11月２日頃	楓蔦黄（もみじつたきばむ）：もみじや蔦が色づく頃
［立冬］	11月17日頃	金盞香（きんせんかさく）：水仙の花が咲く頃
［小雪］	12月２日頃	橘始黄（たちばなはじめてきばむ）：橘の葉が黄色くなり始める頃
［大雪］	12月16日頃	鱖魚群（さけのうおむらがる）：鮭が群がり川を上る頃
［冬至］	12月22日頃	乃東生（なつかれくさしょうず）：ウツボグサが芽を出す頃
［小寒］	１月５日頃	芹乃栄（せりすなわちさかう）：芹がよく育つ頃
［大寒］	１月20日頃	款冬華（ふきのはなさく）：ふきのとうが顔を出す頃

※『入門日本の七十二候と旬の食』及び私の根っこプロジェクト「七十二候」を参考に筆者作成

この他にも

「五節句」は，大昔の中国から由来して日本に根づいた暦で，伝統的な年中行事を行う季節の節目となる日です。

和名（日本語での名前）として，

七草の節句（1月7日）

桃の節句・雛祭（3月3日）

菖蒲の節句（5月5日）

七夕（7月7日）

菊の節句（9月9日）

があり，すべて植物が関係しています。

また，日本人の生活文化から生まれた日本独自の暦として「雑節」があります。

節分（立春の前日（2月3日頃））

彼岸（春分と秋分をそれぞれ中日とする7日間）

社日（春分と秋分に最も近い戊の日）

八十八夜（立春から88日目（5月2日頃））

入梅（立春から135日目（6月11日頃））

半夏生（夏至から11日目（7月2日頃））

土用（立春，立夏，立秋，立冬の前各18日間）

二百十日（立春から210日目（9月1日頃））

二百二十日（立春から220日目（9月11日頃））

というものです。

雑節は，貴族や武家の儀式ではなく，主に農作業と照らし合わせた季節の目安となっており，日本の気候風土に合わせてあるため，長い間に培われてきた知恵と経験のまと

めと言えるでしょう。

観察結果をもとに，「現代版 ○○侯」をつくろう

　近年，温暖化が進み，日本の自然に変化が生じています。これまで「七十二候」の名称が日本の気候風土に合うように何度か変えられたように，観察したことをもとに「現代版」をつくってみてはいかがでしょうか？

　個人やグループ，クラス，学年全体でつくったり，作品を別の学年と共有したりしましょう。作品を次年度に引き継ぎ，毎年見直して学校オリジナルの作品にするのもよいでしょう。

〈引用・参考文献〉
・四季の美「二十四節気と七十二候一覧｜意味と由来を簡単にわかりやすく｜2020年版」
　https://shikinobi.com/kikou
・暦生活「二十四節気　七十二候カレンダー」
　https://www.543life.com/season24-72.html
・私の根っこプロジェクト「二十四節気」「七十二候」「雑節」
　http://www.i-nekko.jp/meguritokoyomi/nijyushisekki/
　http://www.i-nekko.jp/meguritokoyomi/shichijyuunikou/
　http://www.i-nekko.jp/meguritokoyomi/zassetsu/
・斎藤訓之『入門日本の七十二候と旬の食』洋泉社，2013
・キナリノ「日本の四季をより感じられる『節句』」
　https://kinarino.jp/cat6- ライフスタイル /40231- 四季を喜び食を楽しむ %E3%80%82「節句」の意味と「五節句」におすすめのレシピ

（岩本　哲也）

ピンク色のバッタが存在する?!

> **どんな場面で使える?**
>
> 　身近な生き物の中にも，よく見るとこのような珍しい個体がいることを知ることで，日常生活でも身の回りの生き物について興味・関心を広げることができます。

大阪でピンク色のバッタ発見?

　2011年9月，大阪市平野区の小学1年生の児童が，校庭でピンク色のバッタを見つけました。触角から足の先まで，透き通るようなピンク色をしていたのです。

ピンク色のバッタ

噂はすぐに学校中に広がり，大人気のバッタとなりました。

バッタの色は通常緑や褐色をしていますが，なぜこのような珍しい色になったのでしょうか？

どうしてピンク色になったの？

大阪市立自然史博物館で調べてもらったところ，体長4cmほどのこのバッタは，「クビキリギス」という種類であることがわかりました。

学芸員さんの話によると，突然変異でこのような色になったことがわかりました。突然変異とは，生物やウイルスがもつ遺伝物質の変化によって生じる状態のことです。緑や褐色と違ってピンク色は野生では目立ちすぎるため捕食されやすく，成体まで生き残るのは極めて稀なケースだそうです。

実際に対応いただいた学芸員の方でも，一生に一度見られるかどうかの珍しい個体ということでした。

同じ場所から次々と？

その年の冬，校庭の同じ場所でまたピンク色のバッタが，しかも2匹同時に見つかりました。その後も同じ場所で次々と見つかり，1年間で5匹ものピンク色のバッタが見つかりました。

この校庭にはピンク色のバッタの家族がいて，生まれてくる子は代々ピンク色なのでしょうか？

ピンク色のバッタの子はピンク色？

　突然変異とは，先述したように遺伝物質の変化によって生じる状態のことなので，その個体の子が同じようにピンク色で生まれてくるといったことはありません。今回の場合は偶然が重なったとも言えますが，ピンク色のバッタが話題になり，子どもたちが意識して探したというところに，このように多くのピンクバッタが見つかった要因があるのかもしれませんね。

　もしかしたら気づいていないだけで，身の回りには変わった個体の生き物が案外多くいるのかもしれません。

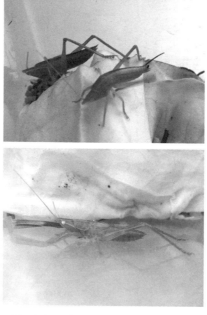

ピンク色のバッタは案外たくさんいる？

常識を覆すバッタ

レアなことが他にも

　2019年２月，アフリカのタンザニアにあるセレンゲティ国立公園で金髪のシマウマが発見されました。同年９月にはケニアのマサイマラ国立保護区で，水玉模様をしたシマウマの子どもが発見されました。これらも突然変異によるものと考えられています。

　他にも中国では茶色のパンダが飼育されていたり，日本でも数か所でホワイトタイガーが飼育されていたりします。このように，世界には私たちの常識を覆すような不思議なことがあふれています。

〈参考文献〉
・ナショナルジオグラフィック「超レア！『金髪』のシマウマが撮影される」
　https://natgeo.nikkeibp.co.jp/atcl/news/19/040200198/
・ナショナルジオグラフィック「水玉模様のシマウマが見つかる，偽メラニズムか」
　https://natgeo.nikkeibp.co.jp/atcl/news/19/091900543/

（稲井　雅大）

■ 4年 生命・地球 **雨水の行方と地面の様子**

雨水は，流れやすいところを 知っている ?!

> **どんな場面で使える？**
>
> 場所によって，雨水の行方やしみ込み方は違うことを学習する場面で使えます。様々な場所で雨水の流れ方やしみ込み方について，実験しながら考えることができます。

雨水の行方

雨の日，教室の窓から眺めながら「運動場の水たまりが早くなくならないかな。早く運動場で遊びたいな」と思ったことはありませんか？　運動場に限らず，様々な場所に雨は降り，雨水がたまったり，流れたりしみ込んだりします。あるいは，決まって高いところから低いところへ流れたりもします。

雨水は，どこへ行くのか行き先を知っているかのように動きますね。では，ここで，実験してみましょう。

水が動きやすい土を選ぶ

もう皆さんは経験済みかもしれませんが，おさらいのつもりで，実験してみましょう。

土（粘土，砂，小さな礫，大きな礫）を用意して，別々

に透明のプラスチップカップに土を入れます（底に穴を開けて土がこぼれないようにネットを被せておきます）。カップの下にビーカーなどを置いて，上から同時に同量の水を注ぎ込みます。

　さて，どうなるでしょうか？

　結果は，歴然ですね。大粒の礫が一番早く大量に水が下に流れます。「そりゃ，そうだ」ですね。

　では，大きな礫のパワーを借りて，2種類混合の土で調べてみましょう。エントリーを次の3つにしてみます。

1：大きな礫＋粘土
2：大きな礫＋砂
3：大きな礫＋小さな礫

　さあ，どうでしょう？

　混ぜる量を同じにして実験しても微妙に異なりますが，どうやら大きな礫だけのときとはずいぶん勝手が違い，出てくる水の速さ，量ともに少しダウンしていませんか。まるで，水が小さな粒の礫や砂・粘土たちに合わせて流れ方を変えているように見えますね。水が通りやすい土を知っているのかもしれません。

　他の組み合わせもたくさん考えられます。砂＋粘土 vs 砂＋小さな礫，小さな礫＋粘土 vs 大きな礫＋砂…。ぜひ，試して結果を比べてみましょう。何となく，粘土は，水の通過をしぶっている感じですね。粘土が絡んでいると，水の通りがゆっくりとなり，少ない感じがします。

　さらに重ねる順番についても，粘土は影響していますね。

　他の土を下に敷いて，粘土を一番上にしっかりと乗せた
なら，上から注いだ水は，どうなっていますか？

　そう，しばらく（あるいはずっと）しみ込まないで，水
がたまっている様子が見られませんか。ひょっとして水は，
きめ細かな粘土と仲良しなのかもしれませんね。

水が集まりやすいところを選ぶ

　いろいろな場所に降った雨水は，どこに行くのでしょう
か？

　水は，やはり集まりやすいところを選んで動くようです
ね。こちらも簡単な実験をしてみましょう。

　四角いトレーなどに土を入れて，片方を高くして，その
反対側に溝を掘ってみましょう。その上からジョウロなど
で雨が降ったように，まんべんなく水をかけてみましょう。
どうなりますか。溝に水が集まりましたか？

　では，端を盛って高くして，中央を低くします。その上
から，同じようにジョウロで雨を降らせてみましょう。

　そうですね。真ん中に水がたまってきますね。水が集ま
りやすいところ，つまり，低いところに寄ってきた結果と
言えますね。

　今度は平らな土にして，真ん中に人形などを置き，周り
に溝を掘って，また雨を降らしてみてください。やはり，
水が溝にやってきてたまっていくようですね。

　他に，2つのコブ山をつくって雨を降らせてみたりする
と，面白いことが生まれるかもしれませんね。

本当に水は，地形を熟知して集まりやすいところを選んで進んでいるように見えますね。

街中では

では，街中での雨水は，どう進んでいくのでしょうか。低いところへ流れていくとすると，本当に低い場所に流れるように建物や道路が設計されているのでしょうか？

では，まず校舎の玄関口などで確かめてみましょう。傾きを測るための道具としてビー玉があるといいですね。平らな薄い箱などにビー玉をいくつか入れて置くと，その動きで傾きがわかります（自作ビー玉水準器：ビー準と呼称）。これを玄関口において，傾いた方向に水の受入れ先が用意されているか確かめましょう。そして，実際に水を流してみます。それが終われば，アスファルト道路に出て，安全に気をつけながら，ビー準で測り，同様に水を流してその流れを確かめてみましょう。

どちらも排水溝に辿り着くことがわかると思います。その後は，下水管につながり街外に流れて行きますが，集中豪雨などで排水できる量を超えると，途中のメンテナンスホール（マンホール）から吹き出すトラブルもありますね。水が限界を教えてくれているのですね。

〈参考文献〉
・NHK for school「校庭にふった雨はどこへ？」
　https://www2.nhk.or.jp/school/movie/outline.cgi?das_id=D0005110406_00000

（溝邊　和成）

「池」「沼」「湖」には
使い分け方がある ?!

どんな場面で使える?

　普段あまり意識することなく使っている「池」や「沼」「湖」の使い分けを学ぶ場面で使えます。実は，それぞれには使い分けがあることを知ることができます。

「池」「沼」「湖」とは?

　皆さんは，「雪」や「雹（ひょう）」，「霰（あられ）」などの言葉を聞いたことがあるでしょう。つぶの大きさで何となく違いがイメージできるかもしれません。

　では，「池」や「湖」，「沼」はどうでしょう。これも，大きさによって分けられているのでしょうか?

　どんな定義があるのでしょうか?

　どれも，国土交通省や環境省が管理しています。しかし，国土交通省や環境省では，定義が細かく決められていません。はっきりとした定義は決まっていないのですが，それぞれの言葉には意味の差異があるのです。どのような使い分けをしたらよいか見ていきましょう。

池とは？

　池で有名なところは，北海道の「青い池」「神の子池」や山梨県の「忍野八海」などが挙げられます。池は，湖と比べると規模がやや小さく，水中にあまり植物が生えておらず，水深５m以下の場合を池と言う場合が多いです。あとは，雨などの降水によりできた自然の水たまりを池という場合が多いです。それぞれの面積は，青い池が0.012㎢，忍野八海の御釜池は約0.000024㎢と小さく，小さい水たまりを池，大きくなると湖と呼ぶようになると考えられます。

　また，池というと「ため池」もあります。これは，近くに河川などがない地域で，農業用水などとして使うことができるように人工的につくられた池のことを言います。兵庫県の淡路島には，とても多いです。

沼とは？

　沼と言えば，底なし沼などのどろどろとしたものをイメージする人が多いと思います。有名なもので言えば福島県の「五色沼」（面積0.05㎢）があります。あとは，千葉県の「印旛沼」（面積11.55㎢）も有名です。

　沼の特徴としては，水深が５m以下の水たまりのことで，規模で言うと，池よりも大きいという感じになります。泥のような土だけでなく，沿岸や水底に植物があるということも池とは違う特徴です。

湖とは？

　湖と言えば，日本最大で滋賀県の面積の6分の1を占める「琵琶湖」が有名です。他には，富士山の見える富士五湖の1つ山梨県の「河口湖」や2008年にG8によるサミットが行われたことがある北海道の「洞爺湖」など数多く有名な湖があります。

　それぞれの面積を見てみると，琵琶湖が670.4㎢，洞爺湖が70.7㎢，河口湖が6.13㎢と大小様々あります。環境省では水深が5mから10m以上のものを湖として表しています。湖＞沼＞池という規模のイメージをもつと使い分けやすいかもしれません。

「泉」「潟」とは？

　池や沼，湖に似たもので泉や潟，という言葉があります。ともに水がたまっている場所に関する言葉です。ではそれぞれどういう場所を言うのでしょうか？

　「泉」は池や沼，湖と違って地面から水が湧き出ている場所を指します。「潟」と言えば，新潟県や八郎潟を思い浮かべるかもしれません。潟とは海から切り離されてできた水がたまる低地で，湖の満ち引きによって現れたり消えたりする場所です。

「池」「沼」「湖」の定義とは？

　これらの定義に関して，国土交通省の国土地理院のホームページには，厳密に区分することは難しいですが，スイ

ス人の学者フォーレルの考えをもとに,

> 池：通常，湖や沼の小さいものをいい，特に人工的に
> 　　作ったもの
> 沼：湖より浅く，最深部まで沈水植物が繁茂するもの
> 湖：水深が大きく，植物は湖岸に限られ，中央に深い
> 　　所には沈水植物を見ないもの

と記されています。

　このように，厳密に区分することは難しいですが，それぞれに使い分けがあることがわかります。

　他にも，山地や山脈，高地などの意外と知らない定義がたくさんあります。知らない人も多くいると思うので，調べてみて，ぜひ周りの人に教えてあげてください。

〈引用・参考文献〉
・違いがわかる事典「『池』『沼』『湖』『泉』『沢』『潟』の違い」
　https://chigai-allguide.com/ 池と沼と湖と泉と沢と潟 /
・気になる話題・おすすめ情報館「湖・池・沼・潟・浦・泉の違い
　とは？　定義を知ると，意外と簡単！」
　https://netwadai.com/blog/post-7497
・99BAKO「【湖，沼，池，泉，潟，浦】の違い　国土交通省，環境
　省の定義は？」
　https://99bako.com/1647.html
・国土交通省国土地理院「2　国土の情報に関するＱ＆Ａ」
　https://www.gsi.go.jp/kohokocho/FAQ2.html#Q2.13

（平川　晃基）

同じ雨がついてもちょっと違う⁈

> ### どんな場面で使える？
>
> 　水の三態変化や天気の様子の学習と関連させて扱うことができます。また，自然を表す言葉から，様々な自然の事物・現象についても興味・関心を広げることができます。

漢字で書くと

　「くも」を漢字で書くと，雨がつく「雲」ですが，「きり」「もや」「かすみ」「あられ」「ひょう」「みぞれ」はどんな漢字かご存知でしょうか？

　そう，「霧」「靄」「霞」「霰」「雹」「霙」と書きます。すべての漢字に，「雨」が含まれていますね。「雨」すなわち，水に関係があるものであるということがわかります。

違いはと言えば（1）
①霧

　「雲」は水滴または氷晶の粒からできており，その大きさは，半径1〜10μmのものが多く，このくらいの大きさでは，大気中の上昇気流により「空に浮かんだ」状態になります。しかし，地表面に接している場合も存在し，それ

が「霧」というわけです。山にかかっている「雲」は，離れた場所から見ると「雲」ということですが，その中にいる人にとっては，「霧」になります。

　水平方向に見渡せる範囲が1km以内であれば，単に「霧」と呼ばれますが，陸上で100m以下しか見渡せることができない場合は，「濃霧(のうむ)」とされます。「霧」という漢字は「雨」＋「務」ですが，「務」にはおおうという意味があり，水が辺りを覆う様子を表しているそうです。

②靄(もや)

　「靄」も「霧」と同様の現象で，視程1km以上10km未満のものを指します。こちらは「雨」＋「謁」。「謁」に「まみえる」の意味があり，まさに水にまみえる様子がイメージされます。

③霞(かすみ)

　「霞」は，煙や雲がたなびいたり，霧などによって遠景がぼやけて見えたりすることを指します。気象用語としては用いられないものの，俳句の世界では，春の季語として平安時代の頃から使用されていたようです。春の「霧」を「霞」と呼び，夜の「霞」は「朧(おぼろ)」と呼ばれています。

違いはと言えば（2）

①霰(あられ)

　「霰」は，雲から降る氷の粒で直径5mm未満のものを指します。地上に小さな氷が散りばめられる様子から，「雨」＋「散」が使われたそうです。「霰」の種類は，「雪霰」と

「氷霰」に分かれます。「雪霰」は，雪の結晶に細かな氷の粒が付着したもので，雪が降る前後，気温摂氏０°あたりで一時的に降るようです。白色不透明です。「氷霰」は，水滴の凍ったもので，白色半透明ならびに不透明です。

②雹（ひょう）

激しい上昇気流をもつ積乱雲の中で発生・成長し大きくなって，「雹」になります。直径５㎜以上のものが「雹」です。「雹」は「雨」と「包」からできた漢字で，雨が凍って丸く固まり降る様をよく表しています。

③霙（みぞれ）

一方，「霙」は，雨と雪が混ざって降る気象現象を意味します。「英」には「花びら」という意味があり，花びらのようにひらひらと降ってくる姿を表現しています。

天気記号（日本式）では，下の図になります。

「ひょう」 「あられ」 「みぞれ」

天気記号（日本式）

氷が絡んでくれば，「霰」「雹」「霙」以外に「霧氷」（むひょう）という言葉も見つかります。気温が氷点下のとき，樹木や地面などに，空気中の水蒸気の昇華または過冷却の水滴が吹きつけられ凍結してできる氷です。「霧氷」は，「樹霜」（じゅそう）「樹氷」（じゅひょう）「粗氷」（そひょう）と分かれています。「樹霜」は，特に樹や枝に付着した枝状または針状の結晶のことを指します。「樹氷」は，樹枝に付着した氷層のうち，白色で脆いもの

が当てはまります。風上側に向かって羽毛状に成長します。「粗氷」は，「樹氷」より少し硬めで，氷の粒も大きめ，半透明のものを指します。

さらにこだわれば

　「雨」に関する言葉集めをすると「春雨」「梅雨」といった季節を表す「雨」ばかりではなく，「霧雨」「豪雨」「驟雨」などいろいろな状況・様子を表した「雨」の熟語や成句を見つけることができます。

　「雲」についても同じです。「巻雲」「高積雲」とともに「うろこ雲」「ひつじ雲」などの俗称も知り，特徴をぜひ押さえておきたいですね。さらに自分なりに命名するのも面白いでしょう。

〈参考文献〉
・気象庁「氷，霜，霧，雷，日照時間」
　https://www.jma.go.jp/jma/kishou/know/yougo_hp/kori.html
・理科年表オフィシャルサイト「天気の種類はいくつあるのですか。その記号も教えてください。」
　https://www.rikanenpyo.jp/FAQ/kisyo/faq_kisyo_003.html
・気になること，知識の泉「霧（きり）と靄（もや）と霞（かすみ）の違いとは？　気象上の定義では？」「ひょう（雹）・あられ（霰）・みぞれ（霙）の違いとは？　雪とはどう違うの？」
　https://afun7.com/archives/12944.html
　https://afun7.com/archives/12937.html

（溝邊　和成）

白夜の日は北極の方が
日本より気温が高い ?!

> ┌ **どんな場面で使える？** ┐
>
> 　1日の気温の変化のパターンは場所によっても多様です。
> 様々な場所での気温の変化を取り上げることで，変化の要
> 因について深く考えることができます。

1日の気温の変化はいろいろ

　1日の気温の変化の様子を調べてグラフに表すと，どの
ようなグラフになると思いますか？

　太陽が出ている晴れた穏やかな日には日中に気温が上が
る「山型」のグラフになり，太陽が雲などで遮られている
曇りや雨の日には「高低差の小さい」グラフになることが
多いです。しかし，それだけではありません。国際高等専
門学校の気温データ・グラフ表示システムによると，日に
よって，山型と反対の「V字型」に1日の気温が変化する
場合（2010年2月28日の東京）もあります。1日を通して
気温が上がり続けたり（2010年5月24日の東京），逆に下
がり続けたりする日（2010年2月10日の東京）もあります。

　なぜ，このような変化になると思いますか？

　太陽が雲を遮っているかどうかといった影響だけではな

さそうですね。

　1日の気温の変化の特徴的なパターンを集め，なぜそのような気温の変化になったと考えるか，その日を振り返って，話し合ってみましょう。様々な根拠のある予想や仮説が考えられそうですね。

場所によっても1日の気温の変化は違う

　赤道近くの地域，北極や南極に近い地域，標高が高い地域等では，どのような気温の変化が見られるか調べてみるのも面白いですね。ある外国では，1日中太陽が沈まない期間があったり，反対に1日中太陽が昇らない期間があったりします。

　その期間はどのような気温の変化なのでしょう？　予想してみましょう。

「白夜」の日は気温が上がり続けるの？

　白夜とは，1日を通して太陽が沈まない現象のことです。日本では，太陽は東から昇って南を通って西へと沈みますね。

　しかし，北極や南極では，太陽が地平線の上をただ移動するだけの白夜の日があります。白夜の日は，明け方であろうと，真夜中であろうと空は1日中明るい，もしくは薄明るい状態が続きます。明るさはその場所の緯度によって違いますが，北極や南極の場合は1日を通して明るい状態が続きます。

　白夜は北極では6月，南極では12月頃に訪れます。ちなみに，ノルウェー，フィンランド，スウェーデン，アイスランド，カナダなどの国でも白夜が起きます。

　では，白夜の日は，気温が上がり続けるのでしょうか？そうとも限りません。白夜の日でも太陽が雲などで遮られている曇りや雨の日には，気温の高低差は小さいです。晴れの日でも気温が上がったり下がったりします。不思議ですね。

1日中太陽に照らされていても日本より寒いのはなぜ？

　日本の夏至（6月21〜22日）の頃，北極は白夜です。白夜の日の日照時間は24時間ですので，白夜の日は北極の方が日本より気温が高いと思うかもしれません。

　ちなみに，日照時間とは，日の出から日没までの間に，太陽が遮られないで実際に地上を照らした時間のことです（気象庁）。日照時間が長ければ気温も高くなります。

　しかし，白夜の日でも北極は日本より寒いです。なぜなら，北極の方が日本より，南中高度（太陽の高さ）が低いためです。夏至の日，東京の南中高度は約77°で，観測場所により多少異なりますが，北極では約23°となります。南中高度が高ければ，地面が受け取る太陽の熱は大きくなります。逆に低ければ，地面が受け取る太陽の熱は小さくなってしまうのです。

　つまり，1日中太陽に照らされていても，南中高度が低いため，北極の気温は日本より低いというわけです。

「極夜」の日は気温が下がり続けるの？

　極夜とは，白夜の反対で１日中太陽が昇らない現象のことです。この現象も北極や南極，先ほど挙げた外国で起こります。極夜は北極では12月，南極では６月頃に訪れます。極夜の期間は太陽が地平線の上に昇ってこないため，辺りはずっと暗いままです。たとえ昼であろうと，まるで夜のように暗い状態が続きます。太陽が昇って来ない分，寒さはさらに過酷を極めます。

　では，極夜の日は，気温が下がり続けるのでしょうか？もう気づいているかもしれませんね。下がり続けるとは限りません。日によって気温が上がったり下がったりします。

気温の変化の原因は複雑

　１日の気温の変化は，その日の天気，風向，風速，気圧配置など，様々なことが影響します。観測する場所が海沿い，山中，街中でも異なりますし，アスファルトの地面が多い場所，ビルに囲まれた場所でも変わります。

〈参考文献〉
・国際高等専門学校 気温データ・グラフ表示システム「１日の中での気温の変化には，どんなパターンがある？」
　https://kion.trendy.co.jp/?p=308
・Compathy「白夜にオーロラ！　フィンランドの気候って？　気候情報と都市別天気情報」
　https://www.compathy.net/magazine/2017/02/03/finland-weather/
・気象庁「湿度・気圧・日照時間について」
　https://www.jma.go.jp/jma/kishou/know/faq/faq5.html

（岩本　哲也）

星の光から，昔のことがわかる ?!

どんな場面で使える？

　星空は，観測者から見るとそれぞれの星が空に並んで見えます。実際は，様々な距離の星が天球上に見えることを知ることで，宇宙の広がりに興味をもつことができます。

星空の星はバラバラ

　街明かりのない場所で星空を見ると，たくさんの星を見ることができます。街中では，見える星の数は減ってしまいますが，明るい星は見ることができると思います。たくさんの星を見ていると，綺麗だなと感じることができることでしょう。自分を中心として，空に広がる星たちは天球と呼ばれる仮想の球面上にあるものとして考えられます。プラネタリウムや星座早見盤は天球の様子を表したものです。しかし，実際の星は天球に張りついているわけではありません。輝いている星の大きさも様々であり，地球からの距離もとても遠いものばかりです。夜空で一番目立つ大きな月以外は，肉眼では星の本当の大きさの違いを認識できることはあまりないかもしれません。違いと言えば，明るさや星の色ではないでしょうか？

星の明るさは100倍も違う？

　星の明るさが違うことは，皆さんも知っていると思いま
す。歴史は，紀元前150年頃にさかのぼります。ギリシャ
の天文学者であるヒッパルコスが，夜空の特に明るい星を
「１等星」，肉眼で見える一番暗い星を「６等星」と名づけ
ました。現在の天球で考えると地球から見える星空では，
１等星が21個，１〜６等星まで合計で約8600個あります。
しかし，観測地点で実際に見える星の数は，地球の半分側
にあたる夜の地域であり，雲がまったくなくても地平線付
近は空気や地形の関係で見づらいので，3000〜4000個とい
われています。

　星の明るさは，１等の差があると約2.5倍明るさが変化
します。つまり，２等星の2.5倍明るいものが１等星とい
うことになります。すると，６等星と１等星の明るさは
100倍違うことになります。そして，６等星より暗い７等
星，８等星…も存在が確認されていますし，反対に１等星
よりも明るい星には０等星，－１等星，－２等星…という
ように決められています。さらに，小数点以下で細かく明
るさを示す等級が与えられています。日本で見られる星で，
一番明るいものは，１等星のグループに入っているおおい
ぬ座のシリウスで－1.5等級です。夏の大三角を形成する
こと座のベガは０等級で，現在の星の明るさを決めるため
の基準になっています。満月は－12.7等級，太陽は－26.7
等級と星座を構成する星と違い，格段に明るいです。

星の光は大昔のもの？

　星を見るときには，光っていることで星の存在を確認することが多いです。光はものすごい速さで移動できるので，普段の生活で光の速さを感じることはありませんが，宇宙サイズとなると光の速さでもとても長い時間がかかることがあります。光の進む速さは，1秒間に約30万kmです。1秒で地球約7周半もできるので，超高速です。その光が1年進む距離を1光年といい，約10兆kmになります。太陽の光が地球に届くのには約8分かかります。つまり，私たちが見ている太陽は8分前に太陽から出発した光なのです。

　先ほど紹介した，一番明るい星のシリウスは地球から約8.6光年の距離にあります。シリウスの光は，8.6年前のものです。8.6年前は昔と感じるでしょうか？　オリオン座のベテルギウスは約640光年の距離にあります。640年前と聞くと，昔のことだなと実感すると思います。そして，宇宙はとても広いので，中には100億年前の光が届いているものもあります。気が遠くなるほどの大昔ですね。

星の色の違いからわかることもある？

　星には白っぽいもの，赤っぽいものなど，よく見ると色に違いがあります。星の色の違いは温度で決まり，温度が高いものから順に，青→白→黄色→橙→赤となっています。温度と色の関係は連続した変化なので，青白いとか薄い黄色のように見えるものもあります。

　オリオン座のベテルギウスは太陽の1000倍もの直径があ

ります。そして，赤色に輝く星なので，星の中でも温度が低いことがわかります。実は，ベテルギウスは星の寿命の終わりを迎えているかもしれないという話題があります。星の寿命と明るさには関係があることがわかっています。ベテルギウスのような巨大な星は寿命を迎えると爆発して大きな光を放ち，その後，消えます。ベテルギウスの観測では2019年ごろに暗くなり始め，2020年にはこの100年間の観測の中で最も暗い状態の１つになりました。現在，ベテルギウスが輝いているか，それとも星の寿命を迎えてなくなっているのかはわかりません。まだまだ，星についてわからないことはあります。もし，今消えても地球上でベテルギウスが見られなくなるのは640年後です。宇宙の広さや不思議さを感じますね。

　星のことは知れば知るほど奥深くなっていきます。宇宙の広さを感じながら，夜空を見上げてみてください。

〈参考文献〉
・国立科学博物館「宇宙の質問箱　星座編Ⅰ．夜空に星はいくつあるのですか？」
　https://www.kahaku.go.jp/exhibitions/vm/resource/tenmon/space/seiza/seiza01.html
・天文学辞典「ベテルギウス」
　http://astro-dic.jp/betelgeuse/
・国立天文台「こよみ用語解説　おもな恒星の名前」
　https://eco.mtk.nao.ac.jp/koyomi/faq/stars.html
・パレットおおさき「星の明るさと色　〜冬の一等星〜」
　http://www.palette.furukawa.miyagi.jp/space/astronomy/tenmonsiryou/060208_winterstar.html

（古池　秀行）

■ 4年　生命・地球　**月と星**

南半球を代表する星座・南十字星，
日本でも見られる ?!

> **どんな場面で使える？**
>
> 　北半球と南半球で見える星空の違いについて考える場面
> で使えます。星空に興味をもち，星空観察の機会を増やす
> ことにつながります。

大昔から続く星空

　フランスで有名なラスコー洞窟の壁画は，２万年ほど前
の氷河期に描かれたものであると考えられていて，牛や馬，
カモシカなどが描かれています。

　この壁画の中に，「夏の大三角」と思われる明るい３つ
の星の並びと，「すばる（プレヤデス星団）」と思われる星
の並びが描かれています。２万年前のフランスに住む旧石
器時代の芸術家たちも今と変わらない星空を見て，思いを
巡らせていたことがわかりますね。

星座って？

　星座は「星の集まり」の意味で，特に科学的根拠の上に
成り立ったものではありません。しかし昔から人々は，天
空の星々を眺めて，人や動物，物に見立ててそれを楽しみ，

生活の一部としてきたようです。様々な時代・地方の星座の知識を引き継いだギリシャでは，神話や伝説の英雄などが加わり，豪華絢爛の星座物語もつくられました。

星座はいくつあるの？

　星座の数や名前は時代や地域によって様々でしたが，1928年にIAU国際天文学連合によって，全部で88個と決められました。星占いで有名な，おうし座やかに座などの12星座もこの中に含まれます。南天の星座の中には南半球でしか見ることのできないものもあるため，日本の主な地域で見られるのは約7割ほどです。

南十字星とは？

　全天88星座の中で最も小さな星座が，南十字星です。

　南十字星は，その名前から，1つの星のように思いますが，「みなみじゅうじ座」という星座の別の名前です。4つの星からなるこの星座は，「南にあって十字架の形に見える」ところから，そう呼ばれています。

　その4つの星（α星，β星，γ星，δ星）は，次の図のようにガクルックス（γ星）とアクルックス（α星）が縦，ベクルックス（β星）とデクルックス（δ星）が横となります。3つの星（ガクルックス1.6等級，アクルックス0.8等級，ベクルックス1.3等級）は，明るく輝いていますが，デクルックス（2.8等級）は，それらに比べて若干明るさは落ちます。その違いは肉眼でも確認できます。

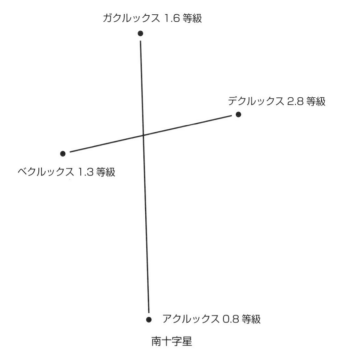

ガクルックス 1.6 等級

デクルックス 2.8 等級

ベクルックス 1.3 等級

アクルックス 0.8 等級

南十字星

　北半球には，北を示す北極星がありますが，南極星という南を示す星はないため，この星座が重要な役割を担ってきたのです。航海者にとっては十字架のように見え，神の加護を想像したのかもしれません。

　この星座は，ニュージーランドやパプアニューギニアなどの国旗にも用いられているほど一般的な星座で，とても人気がある星座です。

日本でも南十字星が見られる？

　南半球を代表する星座の1つである南十字星ですが，北

半球に位置する日本では見られないのでしょうか？

　実は南十字星でも最北端の星であれば，四国の南部よりも南で見ることができます。さらに，沖縄本島よりも南であればその全体を確認することができます。中でも日本最南端に位置する波照間島では，最も南十字星を綺麗に見ることができます。

　波照間島で詳しく天体観測をするなら「竹富町波照間島星空観測タワー」がおすすめです。公式ホームページには南十字星の観測時期は12月〜6月と紹介されています。

〈参考文献〉
・パレットおおさき「『星座』の歴史」
　http://www.palette.furukawa.miyagi.jp/space/astronomy/constellation/const_history.htm
・天文学辞典「星座」
　http://astro-dic.jp/constellation/
・星座別詳細星図決定版「南十字座」
　http://astrohouse.academy.jp/seiza/minamijyuji.htm
・大阪市立科学館「一等星とその性質」
　http://www.sci-museum.kita.osaka.jp/~kato/8mus_pla/brights.html
・星座図鑑「明るい星／星の名前」
　https://seiza-zukan.com/first.html
・竹富町観光協会「波照間島星空観測タワー」
　https://painusima.com/1009/

（稲井　雅大）

金星の方が近いのに，
人類は火星に移住しようとしている ?!

> ### どんな場面で使える？
>
> 　地球の近くに惑星があることを知り，宇宙への興味・関心を広げる場面で使用できます。観測されたデータなどから将来の可能性を想像してみましょう。

人類の夢，移住計画

　月への移住計画や火星への移住計画，そんな話を聞いたことがありますか？

　人類が地球外に居住地を求めて探検をする作品をはじめ宇宙を扱った作品は，小説・アニメ・映画・ゲームなど国内外でたくさんありますね。例えば，アニメ「宇宙戦艦ヤマト」のシリーズ，手塚治虫の漫画「キャプテン Ken」，ドラマ「マーズ火星移住計画」，映画「オデッセイ」，映画「クリムゾン・プラネット」などなど。

　さて，地球以外の星に人は住めるのでしょうか。地球の近くにある星ならば，地球環境に似ているので可能かもしれませんね。火星人（タコのような形をして，頭から足が出ているような生物）がいるなら，人類も住めるかも。

　それでは，地球に近い星を調べていきましょう。

地球から近い惑星は？

　地球の隣にある惑星は，金星と火星です。地球からどちらの惑星までが近いのでしょうか？

　観測データによれば，地球〜金星が約1憶5,000万km，地球〜火星が約2億3,000万kmで，その差約8,000万kmなので，金星の方が近いことがわかります。人類移住計画も地球に近い金星がよいでしょうか？

　金星と火星をもう少し調べてみましょう。

惑星の温度は？

　太陽から近いほど惑星の表面温度は高いだろうと想像されますね。したがって，太陽から距離の近い順，

　①水星，②金星，③地球，④火星，…

のように，惑星の表面温度も高い順になっていそうですね。

　ところが，そうではないのです。

　実は，太陽系で最も表面温度の高い惑星は金星です。

　JAXA（宇宙航空研究開発機構）によると，水星は，太陽に最も接近した星（太陽からの平均距離：約5,800万km）なので，地球より何倍もの太陽光を受け，表面温度も非常に高く400℃（昼間）ほどになるそうです。

　しかし，自転周期は60日弱であるため，夜の間にほとんど冷えてしまい，−150℃にもなってしまうようです。すなわち，昼夜の気温差が非常に激しい惑星だということです。

　では，金星はどうなのでしょうか。

　この水星のすぐ隣に位置しているわけですから，水星と同じような環境の星のように思いますね。ところが，そうではないようです。金星は，水星よりも地球によく似た大きさで，非常に厚い大気（ほとんどが二酸化炭素）に表面が覆われています。そのため，温室効果が強く働き，星の表面温度は，昼夜ともに水星以上の温度に達し，かつ保たれているようです。また，「スーパーローテーション」と呼ばれる強風が吹き荒れています。

　こんな激しい状況とは裏腹に，地球・日本では，金星は，「明けの明星」「宵の明星」として有名です。「明星」とは，明るく輝く星という意味です。「明けの明星」は，夜明け前に東の空に明るく見え，「宵の明星」は日没後の西の空に明るく見えます。どちらも希望や夢がふくらむような爽やかな印象です。

　さて，移住という面では金星は難しそうなので，話題を火星に移しましょう。

火星ってどんな星？

　火星は赤い色をしています。

　火星の表面温度については1971年，旧ソ連の火星探査機マルス3号が高度20kmで気温は約マイナス163℃（摂氏に換算）でした。しかし，軟着陸後20秒で電波が途絶えたためそれ以上のデータはないということです。

　その後，1976年バイキング探査機により，火星の砂や土は酸化第二鉄などの鉄の酸化物，鉄さびで覆われているこ

とがわかりました。そのため赤褐色をしています。

　そして，火星の表面には，水が曲がりくねって流れたような地形が見られます。現在では，表面に水は見られませんが，昔は川だったと考えられています。また，極地方を中心に，火星の地下には多量の水が存在すると考えられています（住む可能性が少しありそうですね）。

　火星には，とても大きな山があります。オリンポス山と呼ばれる山で，富士山の7倍近くになるそうです。この他にも，アルシア山やアスクレウス山などがあります。火星の火山はすべて，10億年以上前に活動が終わってしまっています（爆発がなければかなり安心です）。また，月と同じようなクレーターがあったり，わずかに大気も存在していたり，という環境だそうです（でしたら，移住前に地球や月で練習できるかも）。

　こうして考えると，金星よりも火星の方が住みやすいかもしれません。

〈参考文献〉
・国立科学博物館「宇宙の質問箱　火星編」
　https://www.kahaku.go.jp/exhibitions/vm/resource/tenmon/space/mars/mars00.html
・JAXA あかつき特設サイト「金星の概要」
　http://www.jaxa.jp/countdown/f17/overview/venus_j.html
・(C)JAXA 宇宙情報センター「水星」「金星」「火星」「火星探査」
　http://spaceinfo.jaxa.jp/ja/mercury.html
　http://spaceinfo.jaxa.jp/ja/venus.html
　http://spaceinfo.jaxa.jp/ja/mars.html
　http://spaceinfo.jaxa.jp/ja/mars_probes.html

（松田　雅代）

おわりに

いかがだったでしょうか。

全部を読み終えた後に，この文章を目にしておられるでしょうか。私の変な読書の癖からすれば，こういった書籍の場合，いくつかの項目をガッツリ読んだ後，「おわりに」と「はじめに」を読みます。そして，またいくつかの項目を読み続け，また「おわりに」などへ目を移します。それを何度か繰り返しながら，納得を取りつけていくことをしていきます。

そう言えば，読書後，ある程度時間を空けて，また読み直し，そのときに改めて「はじめに」と「おわりに」を吟味・賞味した経験があったことも思い出します。さらに思い出としての蛇足を言えば，小説を読むときと同じように，じっくりと1人で楽しむ時間の中に誘い込んで，「ほう」「ふ〜む」「そうだったんだ」なんて，独り言を小さく言える環境で味わっていました。そして，時々，書籍そのものに落書き（思ったことや感じたこと，さらに疑問として浮かび上がったことなど）することも…。

さて，皆さんは，どのようにされて，今ここを読まれているでしょうか。ここに来られている方の多くは，必ず感想をもちのようです。その読んだ後の感想は，その人なりの"雑談"理論が垣間見られるように思います。賛否にわたり「常温」とかけ離れた「沸騰」に近い意見もあるの

ではないでしょうか。

「そう！　超驚きだったね。きっと子どももびっくりするだろう。いいネタになったよ」

「今度，子どもに喋ってみる！」

「いやあ，あんな説明，どうかなぁ。正しいのかよくわからない」

「だったら，○○はどうなってんだ？！」

などなど。

しかし，こうした声を聞けば聞くほど，私自身，著者冥利に尽きる感じがして，小躍りしてしまいます。また，読者間での談義に花を咲かせていただければ，私たちにとって，このうえない喜びとなることに間違いないでしょう。

さて，今後本書の"雑談"を活用する予定がおありの場合は，次のようなチャレンジはどうでしょうか。

1　図式化してみる…わざわざ，そんなことをしなくてもとおっしゃる方もおられるかもしれません。でも，頭の中に入ってきたことと，頭の中に元々あったこととのつなぎ合わせを整理する意味で，読書中にヒットした言葉や映像などに対して，図形や線を使ったり，描画にまとめたりしてみてはいかがでしょうか。きっとさらなる意外な発見が見えてくるように思えます。

2　時間内と時間外で使う…本書で扱っている内容は，理科にかかわる雑談のネタであるだけに，理科の授業内で用いることは常套手段でしょう。しかし，他教科等の時間

にも取り上げてみてはどうでしょう。例えば，国語科や社会科の時間の導入に，あるいは図画工作での制作時間の途中に。様々な刺激を子どもたちは受け止め，自分なりの効果を感じていくのではないかと思います。元々雑談は，教科枠にとらわれない教科を越境・横断した内容を取り上げているからです。

　3　"雑談"をつくる…もう当たり前のことですが，先生の雑談が定着していけば，子どもたちも雑談を集めたり，つくったりすることも容易になってくると思います。教室に限らず，心地よい空間で，子どもたちと先生とでサークルになって雑談する時間を設定してみてはどうでしょう。あっという間に雑談の山ができたり，雑談の宝箱が生まれたりするように思います。そうなれば，本書のような"雑談"集を制作するのもそれほど難しいこともなくなるでしょう。ひょっとすると，本書以上のものができるかもしれません。そんな可能性も確かめてみたいものですね。

　最後になりましたが，明治図書出版の赤木恭平様には，長時間の編集作業にもかかわらず，いつも丁寧なご対応をいただきました。執筆者を代表しまして，感謝申し上げます。また，執筆を引き受けていただいた皆様にも多大なご負担をおかけすることもしばしばございましたが，常に前向きに取り組んでくださいましたことに，心よりお礼申し上げます。ありがとうございました。

編著者　溝邊　和成

【編著者紹介】

溝邊　和成（みぞべ　かずしげ）

兵庫教育大学　教授

大学院連合学校教育学研究科（博士課程）大学院学校教育研究科（専門職学位課程）／学校教育学部

神戸大学大学院総合人間科学研究科博士後期課程修了，博士（学術）。兵庫県内公立小学校・神戸大学附属小学校教諭，広島大学大学院学校教育研究科講師，甲南女子大学人間科学部教授を経て，現職。専門は，小学校理科・生活科・総合学習の実践論・カリキュラム論。最近では，幼児の科学教育，世代間交流や異年齢集団教育，教師教育にも関心をもち，研究に取り組んでいる。

【執筆者紹介】（執筆順）

坂田　絋子（大阪府大阪市立東桃谷小学校　指導教諭）

平川　晃基（大阪府大阪市立古市小学校　教諭）

田中　一磨（兵庫県明石市立林小学校　主幹教諭）

宮澤　尚（東京都大田区立洗足池小学校　主幹教諭）

古池　秀行（愛知県名古屋市立高見小学校　教諭）

松田　雅代（大和大学教育学部　講師）

稲井　雅大（大阪府大阪市立大江小学校　指導教諭）

岩本　哲也（大阪府大阪市立味原小学校　指導教諭）

〔本文イラスト〕池田廣太郎

授業をもっと面白くする！

小学校理科の雑談ネタ40　3・4年

2021年2月初版第1刷刊　©編著者　溝　邊　和　成

発行者　藤　原　光　政

発行所　明治図書出版株式会社

http://www.meijitosho.co.jp

（企画）赤木恭平（校正）高梨　修

〒114-0023　東京都北区滝野川7-46-1

振替00160-5-151318　電話03(5907)6701

ご注文窓口　電話03(5907)6668

＊検印省略　　　組版所　株式会社カシヨ

Printed in Japan　　ISBN978-4-18-288413-9

もれなくクーポンがもらえる！読者アンケートはこちらから